Ricardo Bofill. Taller de Arquitectura

Editorial Gustavo Gili, S. A.

08029 Barcelona Rosselló, 87-89. Tel. 322 81 61
28006 Madrid Alcántara, 21. Tel. 401 17 02
1064 Buenos Aires Cochabamba, 154-158. Tel. 361 99 98
México, Naucalpan 53050 Valle de Bravo, 21. Tel. 560 60 11
Bogotá Calle 58, N.º 19-12. Tels. 217 69 39 y 235 61 25

r i c a r d o bofill

Bartomeu Cruells

GG®

Un especial agradecimiento a Serena Vergano que ha asumido
la búsqueda y selección de ilustraciones, muchas de ellas
inéditas hasta ahora, en el extenso archivo del Taller de
Arquitectura.

A special thank you to Serena Vergano for searching out and selecting
the illustrations for the book, many of them never before published, in
the extensive archives of the Taller de Arquitectura.

720.8

B673c

Traducción/Translation
Graham Thomson

Diseño cubierta/Cover design
Quim Nolla

 © Editorial Gustavo Gili, S.A., Barcelona, 1992

ISBN: 84-252-1499-8
Depósito legal: B. 23.492-1992
Type set: Ormograf, S.A. - Barcelona
Printed in Spain by Industria Gráfica Ferrer Coll, S.A. - Barcelona

Índice

Index

Introducción

Introduction

Antes de hacer cualquier consideración de carácter general sobre la obra de un arquitecto habría que analizar la realidad social de su momento histórico y el grado de voluntad de integración e intervención de dicho arquitecto en los mismos procesos históricos y sociales. En el caso del Taller de Arquitectura, la Historia ha tenido una presencia constante, no sólo a causa de los continuados análisis e interpretación del pasado cultural y arquitectónico sino también debido al impulso y al protagonismo dado a las nuevas tendencias, a la implicación con los movimientos sociales de cada momento y a la permanente creación de alternativas frente a la problemática contemporánea. La trayectoria profesional del Taller de Arquitectura, marcada por el impulso y la concepción vital de un inagotable Ricardo Bofill, ha experimentado teórica y prácticamente una serie de cambios estrechamente vinculados con la intensa historia mundial, tanto política como social de los últimos años. Las diferentes épocas del Taller de Arquitectura han sido interpretadas malévolamente por algunos como injustificados cambios de dirección o estilo con la única finalidad de adaptarse mejor a las modas o requerimientos del mercado. Sin embargo, un análisis del conjunto de la obra evidencia una tremenda coherencia y una continuidad de pensamiento que constituyen una historia y un lenguaje propios. Por otro lado, la legendaria firmeza de Ricardo Bofill frente al cliente y los esfuerzos del equipo del Taller para la definición de un estilo propio, con total indiferencia ante las modas imperantes en cada momento, han provocado más de una vez serios conflictos con las demandas del mercado. La historia

Introduction

Before entering into any consideration of a general nature of an architect's work, it is first of all necessary to analyse the social conditions applying at that moment in history, and the degree to which the architect in question is part of and intervenes in these historical and social processes. In the case of the Taller de Arquitectura, History has been a constant presence, not only in the form of the continuing analysis and interpretation of the culture and architecture of the past, but also by means of the impetus and importance given to new tendencies, to involvement in the social movements of the day and the continual creation of alternative responses to contemporary problems. The professional progress of the Taller de Arquitectura, marked by the stimulus and the conception of life, the vital vision of an inexhaustable Ricardo Bofill, has undergone a series of practical and theoretical changes closely linked to the history of intense political and social transformations of recent years. The Taller de Arquitectura's different periods have been maliciously taken by some as unjustified changes of direction or style, motivated by nothing more than a desire to adapt to the latest trends or satisfy the demands of a changing market. Nevertheless, an analysis of the body of work as a whole reveals a tremendous degree of coherence and a continuity of thinking that are the product of a history and a language that are uniquely personal. At the same time, Ricardo Bofill's legendary firmness in his dealings with clients, and the Taller's efforts to define a style of its own, with the greatest indifference to the dominant vogue of the moment, have on more than one occasion proved to be

del Taller, en una paradoja espacio-temporal, se convierte en una seria reflexión sobre la misma historia de la arquitectura y las corrientes artísticas y de pensamiento contemporáneas.

Aunque es cronológicamente posible el establecimiento de distintas épocas en la vida del Taller de Arquitectura, es quizá más interesante la búsqueda de las constantes que han guiado la evolución en el estilo del Taller. Sin perjuicio de la existencia de otros rasgos distintivos, podría darse como una de las constantes la desfuncionalización de la arquitectura. La función no crea la forma, sino que una misma forma puede usarse de modos muy diversos. Así encontraremos columnas-lámpara, columnas-ventana, columnas-escalera o incluso columnas-armario. Del mismo modo que Bofill reconoce una funcionalidad estética a la forma de sus construcciones, reconoce también la función pública de los edificios, como elemento que contribuye a configurar la ciudad. La imagen de lugar que crean los edificios del Taller de Arquitectura los lleva a convertirse en puntos de referencia para poblaciones enteras o suburbios de grandes ciudades. El doble lenguaje de las formas se aprovecha para dar una imagen pública de un edificio que, en su aspecto privado, en su interior, puede no reflejar en absoluto la imagen exterior. Esta desfuncionalización ha permitido, entre otras cosas, la construcción de miles de viviendas sociales de una dignidad inigualada, mientras se daba una muestra de orden y de método en el contexto desordenado de la ciudad contemporánea. Esta búsqueda del orden podría ser otra de las constantes del Taller de Arquitectura. Desde las infinitas variaciones en las combinaciones de cubos en el espacio hasta la reinvención de un vocabulario clásico, la base de estudio del Taller ha sido la ordenación geométrica. En algunos de los edificios más atrevidos de las primeras épocas, unas ecuaciones que arquitectos y constructores tenían en mente se mostraron totalmente eficaces para que se pudiera prescindir de los planos. Las

sharply in conflict with what the market wanted. The Taller's history, in a kind of spatio-temporal paradox, has taken the form of a serious reflection on the history of architecture itself and the main currents in contemporary art and ideas.

Although it is chronologically possible to establish different periods in the life of the Taller de Arquitectura, it is perhaps more interesting to search out the constants which have guided the evolution of the Taller's style. Without prejudicing the existence of other distinctive features, the defunctionalization of architecture might be taken to be one of these constants. Function does not create form; rather, a given form can be used in very different ways. Thus we have lamp-columns, window-columns, stair-columns, even wardrobe-columns. In the same way that Bofill recognizes an aesthetic functionality in the form of his constructions, he also recognizes the public function of his buildings, as elements which contribute to the configuration of the city. The image of place that the Taller de Arquitectura's buildings create converts them into reference points for whole towns, or entire suburbs. The double language of their forms is exploited to give a public image to a building that, in its private aspect, in its interior, may not in any way reflect that exterior image. This defunctionalization has, amongst other things, permitted the construction of thousands of public sector houses of incomparable dignity while introducing a note of order and method into the untidy context of the city of today. This concern with order might constitute another of the constants in the Taller de Arquitectura's work. From the infinite variations on the combination of cubes in space to the reinvention of a classical vocabulary, the basis of the Taller's researches has been geometrical organization. In some of the more daring buildings from their earlier periods, the use of certain equations, borne in mind by architects and builders, was so completely effective as to make the drawing of plans unnecessary. The classical laws of

leyes clásicas de proporción y armonía han guiado posteriormente desde el diseño de calles y plazas hasta las botellas de perfume. Esta voluntad de estudio se ha dado también en el aspecto constructivo, especialmente en lo que se refiere a la utilización de materiales, con unos magníficos resultados en el hormigón prefabricado y encofrado *in situ*. El ennoblecimiento del hormigón que ha logrado el Taller de Arquitectura es solamente comparable por el obtenido, por otras razones, por Louis I. Kahn. Este continuo espíritu de investigación ha sido uno de los elementos que ha mantenido al Taller en vanguardia de la creación y el elemento que ha provocado los cambios aparentemente más espectaculares. Los estudios de diseño sobre piezas prefabricadas de hormigón o los moldes para encofrados *in situ*, con la necesidad de obtener un elevado número de formas diferentes combinando un número muy limitado de piezas, contribuye, en los años ochenta, a comprobar la validez de la geometría y las formas clásicas en la arquitectura contemporánea. En los años noventa, la incorporación del acero y el cristal a los materiales usados por el Taller hace pensar en una nueva etapa en la evolución de su estilo aunque, en definitiva, no es más que el resultado lógico de un proceso marcado por el estudio y la investigación sobre formas y materiales.

La selección de proyectos y realizaciones que presenta este libro, que dista mucho de ser un inventario, se ha hecho basándonos en las diferencias que pueden presentar las soluciones adoptadas, incluyendo también los más significativos en la historia propia del Taller de Arquitectura. Los diferentes capítulos del libro responden a un intento de mostrar temáticamente esta coherencia del Taller de Arquitectura desde sus inicios hasta los años noventa. Desde la preocupación por el diseño del espacio público como lugar de relación entre los ciudadanos, hasta la preocupación por la calidad y belleza en los objetos cotidianos que usa el hombre.

proportion and harmony have subsequently guided the design of everything from streets and squares to perfume bottles. This dedication to research and study is also to be seen in the construction process, especially in the use of materials, where it has given magnificent results with ready-mixed concrete and in situ formwork. The ennobling of concrete achieved by the Taller de Arquitectura can be compared only to that arrived at, through his different approach, by Louis Kahn. This spirit of continual investigation has been one of the elements which has kept the Taller at the creative forefront, and the element that has provoked the most apparently spectacular changes. The design studies for precast concrete units or for the moulds for in situ shuttering, prompted by the need to obtain a large number of different forms from the combination of a very limited number of units contributed, in the 80s, to the Taller's affirmation of the validity of classical forms and geometry in contemporary architecture. In the 90s, the inclusion of glass and steel amongst the materials used by the Taller might seem to suggest a new phase in their stylistic evolution, although in fact this is simply the logical outcome of a process marked by the study of and research into forms and materials

The choice of projects and built schemes presented in this book, which is a long way from being an inventory, has been made on the basis of the differences apparent in the solutions adopted, including the most significant projects in the history of the Taller de Arquitectura. The different chapters of the book correspond to an attempt at giving a thematic presentation of the coherence shown by the Taller de Arquitectura, from its first beginnings up to the 90s. From the concern with the design of the public space as the place of relationship between people, through to the commitment to quality and beauty in the design of the objects people use every day.

La ciudad: diseño urbano

The city: urban design

La afirmación del Taller de Arquitectura de que la ciudad debe estar formada por calles y plazas es más que una simple declaración programática contra el modelo de construcción de bloques separados por grandes espacios libres. El Taller ha presentado prácticamente el modelo de ciudad mediterránea, con los viales y espacios públicos muy bien definidos y sin zonas destinadas específicamente para cada función, como norma a seguir en los nuevos planes de urbanismo. Las acusaciones de historicismo y mimetismo gratuitos dirigidas al Taller han sido numerosas, pero con el paso del tiempo parece afirmarse que la única posibilidad de supervivencia para las grandes ciudades es una desfuncionalización de sus sectores, mezclando de nuevo los usos a que se destinan los edificios. El ciudadano debe disponer de todos los servicios a una distancia que pueda ser recorrida a pie desde su vivienda. Y no solamente los servicios, sino también lugares de esparcimiento, oficinas, industrias, edificios institucionales, etc. Solamente de esta forma se logrará una ciudad donde el transporte deje de ser la principal preocupación y la polución y el tráfico el motivo de graves problemas de salud. Las realizaciones urbanísticas del Taller de Arquitectura han demostrado la viabilidad de este modelo, pero también se ha puesto de manifiesto que esta mezcla de usos y funciones no es en muchos casos asumible por las estructuras económicas o sociales. Un hecho que refuta por sí solo las acusaciones de historicismo reaccionario ante el modelo de ciudad mediterránea.

The Taller de Arquitectura's assertion that the city should be formed by streets and squares is more than a simple programmatic declaration in opposition to the model adopted in the construction of isolated blocks separated by extensive open spaces. The Taller has, in effect, put forward the model of the Mediterranean city, with its well-defined thoroughfares and public spaces and its absence of zones exclusively devoted to different functions, as the model to be followed in new town planning schemes. The accusations of gratuitous historicism and imitativeness have been numerous, but with the passage of time it seems increasingly evident that the only chance for the survival of the great cities lies in the defunctionalization of their constituent neighbourhoods and a return to the allocation of mixed uses to their buildings. The city's inhabitants should have all the basic services within reasonable walking distance of their homes. And not only services, but leisure areas, places of work, institutional buildings, etc. It is only in this way that we can achieve a city in which transport ceases to be the primary concern, and traffic and pollution the cause of ill health and death. The urban design work carried out by the Taller de Arquitectura has demonstrated the viability of this approach, but they have also revealed that this mixing of uses and functions is in many cases beyond the reach of existing economic and social structures, a fact that in itself refutes the charges of reactionary historicism levelled at their model of the Mediterranean city.

Barrio Gaudí, Reus (Tarragona)
Proyecto, 1964. Construcción, 1968

**Gaudí housing development, Reus
(Tarragona, Spain)**
Project, 1964. Construction, 1968

Primera experiencia del Taller de Arquitectura en el diseño de ciudad a gran escala. El encargo consistía en la construcción de un conjunto de viviendas muy económicas destinadas a paliar el déficit de alojamientos provocado por las oleadas inmigratorias de los años sesenta, similar a numerosas operaciones de este tipo que originaron un sinfín de barrios suburbiales inhabitables. La primera premisa fue evitar el modelo ciudad-dormitorio mediante la proliferación de locales comerciales, bares, equipamientos recreativos, supermercados y grandes espacios públicos. La existencia de la mayor cantidad de servicios posible tenía que facilitar la creación de una especie de ciudad dentro de otra ciudad, disminuyendo la necesidad de desplazamientos de la población del barrio. Se intentó reproducir el ambiente de comunicación que propicia la red urbana de los antiguos pueblos, creando tres sistemas viarios interdependientes. La red principal consiste en unas avenidas rápidas perimetrales reservadas a la circulación de los vehículos. La red secundaria se destina al tráfico lento, aparcamiento público y circulación de peatones y la tercera, para uso exclusivamente peatonal.

The Taller de Arquitectura's first experience of urban design on the grand scale. The commission called for the construction of a very economical, low cost residential development aimed at alleviating the housing shortage created by the influx of large numbers of immigrants during the 60s, in terms comparable to those of innumerable projects elsewhere which resulted in uninhabitable peripheral suburbs. The basic premise was to steer clear of the dormitory-suburb model, by means of a wealth of shops, bars, leisure facilities, supermarkets and large public spaces. The inclusion of the greatest possible number of services was to lead to the creation of a city within a city, thus minimizing both the need to commute in and out and the marginalization of the new neighbourhood. An attempt was made to reproduce the atmosphere of communication fostered by the urban network of long-established towns, creating three interdependent road systems. The principal network consists of major peripheral expressways for high-speed traffic. The secondary network is for slow-moving vehicles, public parking and pedestrians, while the third system is exclusively for the use of pedestrians.

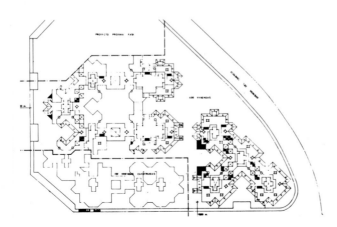

15

**La Ciudad en el Espacio. Moratalaz
(Madrid)**
Proyectos entre 1972 y 1974

Proyecto de construcción autogestionada
de una importante agrupación de viviendas
para formar un barrio plurifuncional, en una
visión de la realidad social muy propia de la
época. El 50 % de la superficie en planta se
destinaba a usos comunitarios, circulaciones y jardines. Ello suponía una densidad
relativamente alta, pero muy esponjada en
su distribución vertical.
Se creó un sistema modular en la línea desarrollada por el Taller de Arquitectura de
combinación de volúmenes cúbicos en el

**The City in Space. Moratalaz
(Madrid, Spain)**
Projects from 1972 to 1974

A design-and-build construction and
development project for a major housing
complex conceived as forming a
plurifunctional neighbourhood, inspired
by a view of social factors that was very
much in the spirit of its time. 50% of the
surface area was devoted to community
uses, circulation and gardens. This
meant that although the density was
relatively high, it was absorbed by the
vertical distribution.
The project applies the modular system

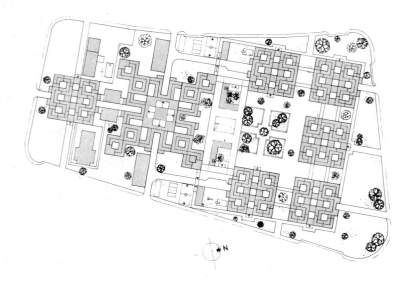

espacio que permitía un uso amplio de elementos constructivos repetitivos de fabrica-
ción industrial, combinados de tal forma
que el resultado nunca era la yuxtaposición
de bloques idénticos de viviendas.
La distribución de volúmenes, tanto en planta como en alzado, se hizo basándose en
leyes geométricas muy estrictas, buscando
la diversidad, pero no la sensación de crecimiento espontáneo de las estructuras. Los
módulos cúbicos de las viviendas se repar-

developed by the Taller de Arquitectura
in earlier schemes, combining cubic
volumes in space in such a way that the
outcome is never a juxtaposition of
identical housing blocks. The distribution
of the volumes, both in plan and
elevation, is based on strict geometrical
laws, pursuing diversity yet avoiding any
sensation of the spontaneous growth of
the structures. The cubic modules of the
housing were laid out in such a way as to

tieron de forma que tuvieran el máximo contacto posible con el exterior. Las comunicaciones entre agrupaciones de viviendas se hacían a diversos niveles, a través de plazas elevadas y zonas porticadas.

Los actos de promoción para la creación de la sociedad promotora cooperativa autogestionada fueron considerados improcedentes por las autoridades franquistas madrileñas y se prohibió de hecho, aunque no de derecho, la continuación y materialización de la idea.

give the maximum possible contact with the exterior. Communications between the groups of housing were organized on different levels, by means of elevated squares and porticoed areas. The terms of the setting up of the self-running cooperative development company were deemed unacceptable by Madridès Francoist authorities, and in effect, although not in law, this prevented the elaboration and execution of the idea.

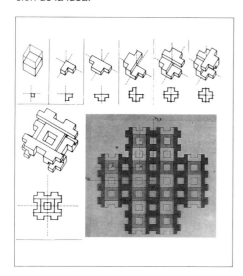

17

**Castro-Novo. Castro Urdiales
(Santander)
Proyectos entre 1976 y 1978**

Proyecto de ampliación de la villa costera de Castro Urdiales. El terreno forma una península situada al sudoeste del centro urbano. El primer problema era la conexión con las tramas urbanas existentes del ensanche de Castro Urdiales y de la población de Mioño. Para la zona más cercana a Castro Urdiales se diseñaron manzanas cuadradas, reinterpretando el ensanche existente. Los patios interiores eran todos accesibles desde la calle y ajardinados. La parte central de la urbanización la constituye una secuencia lineal de edificios de siete plantas de altura, paralelos al mar. Frente a estos edificios se diseñaron manzanas cuadradas de menos altura, edificadas en tres lados, con el cuarto lado abierto hacia el mar. Diversas aberturas facilitaban el acceso de los peatones hacia la costa. Un paseo peatonal recorre esta larga construcción lineal. A ambos extremos del paseo se diseñaron dos plazas que actuaban como puntos de articulación y de transición con las zonas más cercanas a los centros urbanos citados. En la parte más cercana a Mioño, un trazado curvo forma una especie de hipódromo que sigue las curvas de nivel. El centro del hipódromo es una larga plaza abierta hacia una bahía. Los edificios ganan en altura a medida que se alejan de la costa.

**Castro-Novo. Castro Urdiales
(Santander, Spain)
Projects from 1976 to 1978**

A project for the expansion of the coastal town of Castro Urdiales. The development site forms a peninsula to the south-west of the town centre. The first problem was to link up with the existing stretches of suburb between Castro Urdiales and Mioño. Square blocks were designed for the area closest to Castro Urdiales, reinterpreting the pattern of previous urban growth: the courtyards in the interior of these being landscaped, and accessible from the street. The centre of the development was to be a linear sequence of seven-storey buildings parallel to the sea. The lower blocks opposite these were built up on three sides, the fourth side left open to seaward. A number of openings allowed for easy pedestrian access to the shore, with this long, linear sequence of building being flanked by a pedestrian promenade. A square at either end of the promenade served as points of articulation and transition for the areas closest to the two urban nuclei. On the Mioño side, a curving section forms a kind of hippodrome which follows the terrain, with a large square at the centre, left open to seaward. The height of the buildings increases with their distance from the coast.

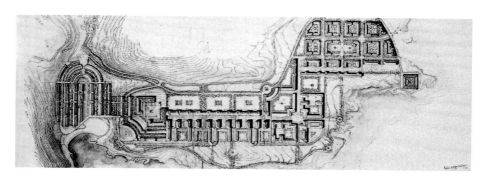

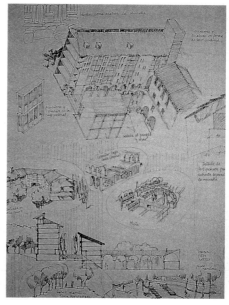

Gasteizberri, Vitoria-Gasteiz (Álava)
Proyectos entre 1976 y 1978

Gasteizberri, Vitoria-Gasteiz (Alava, Spain)
Projects from 1976 to 1978

Proyecto de urbanización del polígono de Lacua, perteneciente a los planes de ensanche de la ciudad de Vitoria. El tejido urbano del polígono se planteó como un nuevo centro ciudadano, de forma que impulsara por sí mismo el crecimiento de todo el núcleo o de los diversos núcleos en que se divide.

Dos grandes paseos perpendiculares, a modo de *cardo maximus* y *decumanus,* dividen el polígono en cuatro sectores que tienen personalidad propia. El plan de ordenación responde a un diseño geométrico que combina los espacios vacíos y las zonas edificadas mediante un sistema regular que reproduce las formas complejas de las ciudades, con zonas verdes, viales peatonales y de circulación rodada y aparcamientos. La altura de los edificios es variable, de una a 14 plantas. Un completo estudio sociológico ayudó a definir y programar las zonas para actividades sociales.

A project for a residential development on the Lacua estate, as part of the planned expansion of the city of Vitoria. The urban fabric of the estate was approached as a new civic centre, in such a way that it would itself promote the growth of the whole nucleus or the series of nuclei into which it was divided.

Two large-scale perpendicular avenues serving as *cardo maximus* and *decumanus* divide the estate into four sectors, each with a character of its own. The layout of the urban plan is based on a geometrical design which combines empty spaces and built-up areas by means of a regular system which reproduces the complex form of the city, with its landscaped areas, pedestrian walkways and traffic routes and car parks. The height of the buildings varies from one to fourteen floors. A thorough sociological study helped to define and programme the zones intended for social activities.

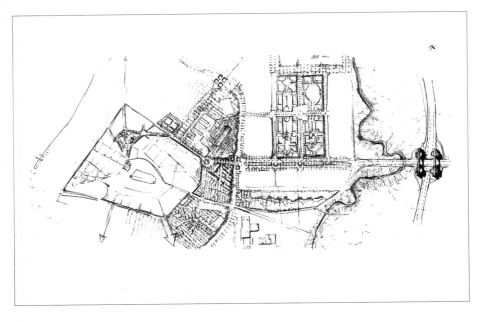

como del Plan General. Cuatro puertas emblemáticas situadas en las esquinas del rectángulo; un eje longitudinal, y otro transversal se origen en la Plaza Elíptica, desde la cual se pueden entrever los espacios interiores a través de ventanas urbanas; las plazas y mayores "adyacentes vinculadas a su vez a las plazas semi-circulares", que crean un espacio dinámico. Un sistema ortogonal de calles para

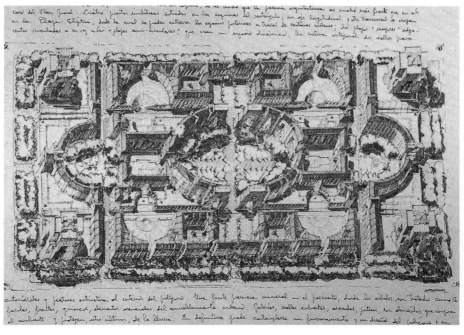

automóviles y peatones estructura el interior del polígono. Una fuente primera mineral en el presente, desde los árboles son tratados como fachadas, fuentes, quioscos, elementos esenciales del amueblamiento urbano. Galerías, calles cubiertas, arcadas, pórticos, un desarrollo que componen el ambiente y protegen, estos últimos, de la lluvia. En definitiva puede contemplarse un funcionamiento y un diseño del polígono y un

Abadla. Comunidad agrícola Houari Boumedienne. Argelia
Proyecto, 1978. Construcción, 1980

Abadla. Houari Boumedienne agricultural village (Algeria)
Project, 1978. Construction, 1980

La experiencia adquirida por el Taller de Arquitectura en la construcción de agrupaciones de viviendas fue requerida por el Gobierno argelino a través de Francia para la construcción de nuevos núcleos de población en zonas semidesérticas donde se pretendía un desarrollo agrícola. La escasa tecnología constructiva y la nula profesionalidad de la mano de obra impidieron la realización de parte de estos proyectos.
La composición urbana basada en una combinatoria de viviendas unifamiliares ofrecía unas posibilidades infinitas que había que limitar y serializar para mantener lo más bajo posible el coste de la operación.
Las formas geométricas escogidas, de tradición árabe y mediterránea, permitían una primera agrupación de dos o tres viviendas alrededor de un patio formando una manzana. Varias manzanas formaban un barrio y varios barrios, una ciudad, manteniendo una constante proporción entre espacio edificado y espacio público. Una gran plaza central, como en todas las ciudades árabes, se convierte en el mercado, lugar de encuentro, de espectáculo y eje vital de la población.

The experience the Taller de Arquitectura had gained in the construction of housing developments was called on by the Algerian government, through the agency of France, to be applied to the construction of new centres of population in semi-desert areas where agriculture was to be promoted. The unsophisticated construction techniques and the absence of a professionally trained workforce prevented the completion of part of the project. The composition of the urban nucleus on the basis of the combination of single-family dwellings offered infinite possibilities, which had to be limited and serialized in order to keep the cost of the operation as low as possible. The geometrical forms chosen, drawn from Arabic and Mediterranean traditions, made for a first grouping of two or three dwellings laid out around a courtyard to compose a block. A grouping of several blocks composed a neighbourhood, and several neighbourhoods, a town, with the proportion of built space to open public space being kept constant. A large central square, such as is found in all Arab towns, serves as marketplace, meeting place, setting for festivities and spectacles and vital axis articulating the town.

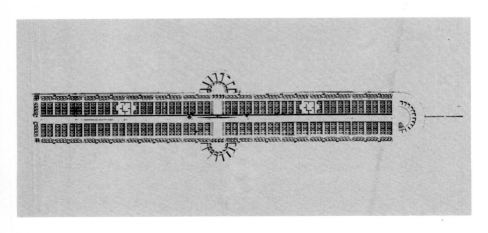

Página anterior: Planta general de la Ville F. Abdala.

Previous page: General plan of the Ville F. Abdala.

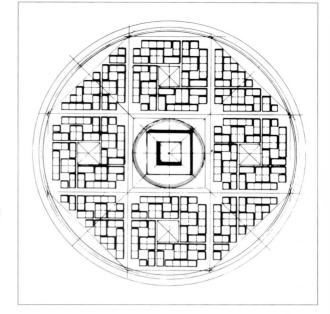

Planta general de la comunidad agrícola Houari Boumedienne y propuestas de núcleos de población.

General plan of the Houari Boumedienne agricultural community and proposed residencial nuclei.

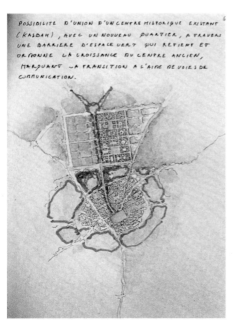

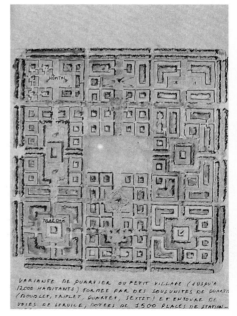

Les Arcades du Lac. Le Viaduc. Saint-Quentin-en-Yvelines, París
Proyecto, 1974. Construcción, 1982

El primer gran proyecto del Taller de Arquitectura construido en Francia forma parte de la política de *villes nouvelles* emprendida por el Gobierno francés para la periferia parisiense, ciudades creadas a partir de cero para descongestionar el centro de la capital y propiciar un crecimiento ordenado evitando los suburbios en la medida de lo posible. Aparte de ser el inicio de las construcciones de Bofill en Francia, este proyecto marca un hito importante dentro de la historia del Taller de Arquitectura. En los textos de la época que sirvieron de presentación del proyecto, se establece como punto de partida la relación entre tecnología e historia de la arquitectura, definiendo e intentando combinar *avant la lettre* las dos tendencias diferentes que tomaría el movimiento llamado posmoderno.
Realizado en el momento más grave de la crisis de los años setenta, es un proyecto destinado a solucionar el grave problema de la vivienda de forma rápida y con medios muy limitados. La forma y distribución de los bloques de viviendas se basó en los elementos de un jardín francés jugando a un amplio cambio de escala y convirtiendo los setos en construcciones. Esta distribución permitió que se generaran los espacios públicos básicos para la formación de una ciu-

Les Arcades du Lac. Le Viaduc. Saint-Quentin-en-Yvelines, Paris.
Project, 1974. Construction, 1982

This, the first major project by the Taller de Arquitectura to be built in France, forms part of the *villes nouvelles* policy which the French government adopted for the outskirts of Paris: whole towns created from scratch in order to ease the congestion in the city centre and promote orderly growth while avoiding as far as possible the creation of mere suburbs. As well as being the first of Bofill's constructions in France, this scheme constitutes a significant landmark in the history of the Taller de Arquitectura. In the texts of the time which served to introduce the project, the point of departure was established as being the relationship between technology and architectural history, thus defining and seeking to combine *avant la lettre* the two different tendencies which were subsequently taken up by the movement known as postmodernism.
A product of the darkest moment of the crisis of the 70s, this is a project which seeks to resolve the acute housing problem speedily and economically. The form and distribution of the blocks of apartments is based on the elements of a French garden, introducing a considerable change of scale and transforming the hedges into buildings. This layout made it possible to generate the

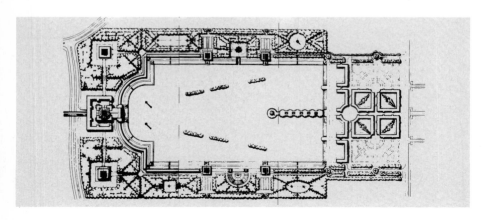

dad: la calle y la plaza. La calle como lugar de circulación y la plaza como lugar de encuentro y reunión. El gran aparcamiento subterráneo que comunica todos los bloques permite que todas las calles sean peatonales, algunas de ellas porticadas. El trazado ortogonal de las manzanas, calles y plazas evoca también una solución adoptada históricamente en numerosas ocasiones, desde Hipódamo de Mileto hasta Nueva York, pasando por La Valette o la Barcelona de Ildefons Cerdà. La simpleza de la organización ortogonal quedaba ampliamente justificada por su buen funcionamiento, especialmente en épocas de fuerte crisis como la que se sufría en aquel mo-

public spaces basic to the formation of the town: the street and the square. The street as the place of circulation and the square as the place for meetings and get-togethers. Thanks to the large underground car park which links all the blocks together, all of the streets are exclusively pedestrian, some of them flanked by porticoes.
The orthogonal layout of the blocks, streets and squares also evokes a solution adopted on a number of historic occasions, from the Hippodamus of Miletus to New York, by way of La Valette and Ildefons Cerdà's Barcelona. The simplicity of the orthogonal organization is amply justified by the functional efficiency, all the more so in times

mento. El análisis compositivo del jardín francés no se limitó a una reproducción de sus formas, sino que realmente se intentó la creación de una ciudad jardín, donde la vegetación y el lago tienen un papel fundamental. La fuerte presencia del lago sugiere la construcción y la forma adoptada por unos nuevos bloques de viviendas sobre el agua, retomando la tradición francesa de los castillos-puente, especialmente famosos en la región del Loira. La reflexión final del Taller de Arquitectura en el momento de construcción del proyecto se centró en el peligro que entrañaba la facilidad de divulgación y reproducción del modelo urbano establecido sin que también se reprodujera el riguroso análisis realizado con anterioridad. El tiempo confirmó, en parte, esta previsión pesimista y el movimiento posmoderno que entonces empezaba a manifestarse sufrió el descrédito provocado por una vulgarización irreflexiva paralela a la experimentada anteriormente por el Movimiento Moderno.

of crisis such as the period from which the scheme dates. The compositional analysis of the French garden was not restricted to a reproduction of its forms, but was a genuine attempt at creating a garden city, in which the vegetation and the lake play a fundamental part. The notable presence of the lake prompted the construction of and the form adopted for new blocks of housing built out over the water in a return to the famous French tradition of building castles on bridges, especially in the Loire region. The Taller de Arquitectura's final concern, at the moment of the project's starting on site, focussed on the danger arising from the ease with which the urban model they had evolved could be picked up and copied without a similar recreation of the rigorous analysis which necessarily preceded their scheme. In time, their misgivings were in part confirmed, and the postmodern movement that was then beginning to emerge was discredited by an unthinking vulgrization comparable to that suffered in its time by the Modern Movement.

27

Les Espaces d'Abraxas, Marne-la-Vallée
París
Proyecto, 1978. Construcción, 1982

Como edificio insignia de la nueva *ville nouvelle* de Marne-la-Vallée, el conjunto formado por Le Palacio, Le Théatre y L'Arc debía tener un carácter monumental y simbólico para que se convirtiera en un lugar de reunión y en un punto de referencia para la nueva ciudad. Si bien la incidencia en el trazado urbano no es decisivo, Les Espaces d'Abraxas cumple a la perfección el papel de monumento urbano que marca el inicio de la nueva ciudad. Imbuidos por su carácter representativo, los tres edificios se distribuyen en un espacio barroco, más afrancesado en unas zonas, más mediterráneo en otras, para constituir un gran espacio público donde la monumentalidad es el telón de fondo de la zona más «noble» de la nueva urbanización. Por esta razon, Les Espaces d'Abraxas se han convertido en el símbolo y punto de referencia de gran parte del valle del Marne.

Les Espaces d'Abraxas, Marne-la-Vallée.
Paris.
Project, 1978. Construction, 1982

As the landmark building of the new *Ville nouvelle* of Marne-la-Vallée, the complex consisting of Le Palacio, Le Théatre and L'Arc needed to have a monumental and symbolic character in order to make them a meeting place and point of reference for the new town. While its impact on the urban fabric is not decisive, Les Espaces d'Abraxas perfectly fulfils its role as an urban monument marking the beginning of the new town. Imbued with this representative character, the three buildings are laid out in a baroque space, more French in some areas, more Mediterranean in others, to constitute a great public space in which the monumentality provides the backdrop to the "noblest" area of the new residential development. By virtue of this, Les Espaces d'Abraxas have become the symbol and reference point for a large part of the Marne valley.

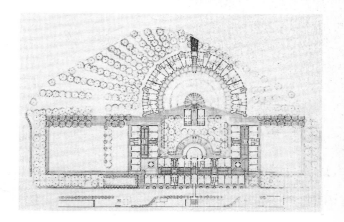

Les Echelles du Baroque, XIV Arrondissement (Montparnasse), París
Proyecto, 1979. Construcción, 1985

Les Echelles du Baroque, XIV Arrondissement (Montparnasse), Paris.
Project, 1979. Construction, 1985

La notable inserción de los espectaculares monumentos barrocos en cualquier ciudad se explica por su funcionalidad eminentemente escénica, creando un fondo teatral donde se exhibe el poder que ordenó su construcción o bien donde pueden exhibirse los ciudadanos aprovechando ese decorado sin igual. La sensación de ciudad consolidada que ofrecen los grandes palacios barrocos lleva al Taller de Arquitectura a pensar en un desarrollo del modelo para crear un gran monumento urbano destinado a convertirse en centro del degradado distrito de Montparnasse de París, en proceso de profunda remodelación. Gracias a un juego de cambios de escala, el «palacio» alberga dos edificios de viviendas situados alrededor de dos plazas interiores, una elíptica y otra en forma de teatro. El exterior del edificio no deja intuir las dos plazas interiores, sino que se ordena según el trazado urbano, formando una pequeña placita cóncava en cada esquina y una gran plaza circular en la fachada principal. La plaza se ha completado con edificios de otros arquitectos que han seguido la idea inicial del Taller. La conversión de una calle existente en la puerta principal del conjunto consiguió aumentar de forma sustancial la superficie peatonal en el barrio.

The notable presence of the spectacular baroque monuments to be seen in so many cities asks to be understood in terms of their eminently scenic function, creating a theatrical background which testifies to the power of those who ordered their construction or provides a decoratively splendid setting in which the citizens can exhibit themselves. The sense of the thoroughly established city communicated by the great baroque palaces led the Taller de Arquitectura to think of developing the model in order to create a grand urban monument capable of assuming a central role in the run-down Montparnasse district of Paris, in the process of a complete restructuring. Thanks to an adroit manipulation of the change of scale, the "palace" contains two apartment buildings set around two interior courtyards, one elliptical, the other in the form of a theatre. The building's exterior gives no indication of the existence of the interior squares, opting instead to follow the layout of the urban grid, with a little square at each corner and a large circular plaza on the main facade. This plaza is flanked, too, by buildings by other architects who have followed on from the Taller's initial idea. The conversion of an existing street to serve as the main gateway into the complex has resulted in a considerable increase in the pedestrian space in the area.

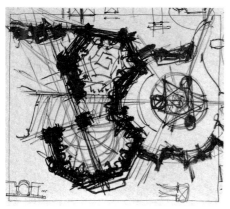

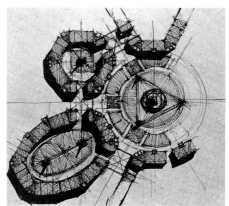

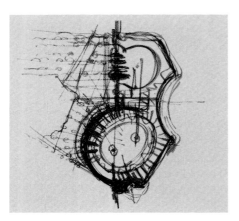

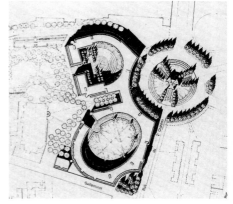

Le Crescent Vert. Cergy-Pontoise, Puiseaux, París
Proyecto, 1981. Construcción, 1985

Le Crescent Vert. Cergy-Pontoise, Puiseaux, Paris.
Project, 1981. Construction, 1985

Los edificios construidos en la *ville nouvelle* de Cergy-Pontoise están situados en el punto más elevado de la nueva ciudad, intersección del eje principal de la trama urbana con el eje que marca el inicio de una zona ajardinada que desciende hasta el río Oise.

The buildings constructed in the *ville nouvelle* of Cergy-Pontoise are situated at the highest point of the new town, at the intersection of the main axis of the urban grid with the axis which marks the beginning of the landscaped area which slopes down to the river Oise.

El centro del semicírculo que forma el edificio principal es el punto de intersección de los dos ejes y en él se levanta una escultura de Dani Karavan, un obelisco cuadrado ligeramente inclinado hacia el río, marcando por la noche el eje de los jardines mediante la proyección de un rayo laser.
El carácter monumental de la plaza, completa antítesis de lo que hasta el momento han sido las viviendas protegidas o subvencionadas, la ha convertido en el punto central, lugar donde se celebran todas las actividades lúdicas y representativas de la nueva ciudad.
El amplio espacio de la plaza semicircular tiene un doble carácter, a la vez monumental y doméstico, extraordinariamente espa-

The centre of the semicircle formed by the main building is the point of intersection of the two axes, emphasized by the presence of a sculpture by Dani Karavan, a square-shaped obelisk slightly inclined in the direction of the river, which at night marks the axis of the gardens with the projection of a laser beam.
The monumental character of the plaza, the absolute antithesis of the traditional image of public sector housing, has made it the central point, the site for all the leisure activities and public events of the new town.
The ample space of the semicircular plaza has a dual nature, at once monumental and domestic, exceptionally spacious but with only four discreet entrances to it apart from

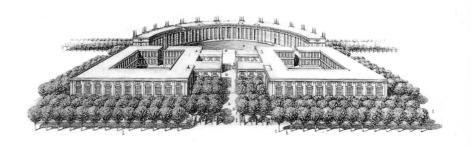

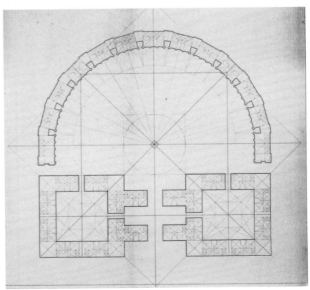

34

cioso, pero solamente con cuatro accesos muy discretos, exceptuando el central. Este acceso por el eje principal está situado entre dos pequeñas manzanas de viviendas, creando un patio que actúa como vestíbulo de la plaza. La secuencia espacial vestíbulo-plaza marca la entrada a un espacio abierto que sigue siendo exterior y que mantiene su carácter público, pero que también indica el punto de transición hacia la interioridad y privacidad de cada vivienda.

the one in the centre. This access, on the main axis, passes between two small blocks of housing, creating a courtyard which acts as vestibule to the plaza. The spatial sequence of vestibule and plaza marks the entrance to an open space that still has an external quality; which preserves its public character yet at the same time indicates the transition to the interior, private domain of the individual dwelling.

Antigone. Montpellier
Proyecto, 1979. Construcción a partir de
1981 y en curso

La voluntad de las autoridades municipales
de Montpellier de extender ordenada-
mente el crecimiento de la ciudad hacia el
Este es consecuencia de una intención de
reequilibrar el centro urbano y de integrar
las orillas del río Lez en la trama urbana.
Unos terrenos situados prácticamente en el
centro de la ciudad revirtieron al municipio
durante los años sesenta. Inmediatamente
se emprendió una operación de construcción de una serie de equipamientos que
constituyeron el inicio del llamado Polygone: un centro deshumanizado sin ningún
tipo de relación con la ciudad ni con su realidad histórica y cultural. Cuando un nuevo
Ayuntamiento, presidido por Georges Frèche, se planteó la continuidad de la operación en otras veinte hectáreas, se encargó
el diseño a Ricardo Bofill. Ésta es su primera oportunidad de intervenir urbanísticamente en un centro de ciudad, en una operación que se aparta en todos los sentidos
de una *ville nouvelle*. La regularidad y estricta geometría del diseño urbano, la escala humana en las alturas de los edificios, la
mezcla de usos y funciones hacen de la
nueva urbanización un *Anti-Polygone* que
recibe el nombre de *Antigone*, Antígona, la
heroína de la tragedia griega.

Antigone, Montpellier (France)
Project, 1979. Construction, from 1981 (still
on site)

The decision on the part of the municipal
authorities of Montpellier to direct the
orderly expansion of the town to the east
stems from the desire to balance the city
centre and integrate the banks of the river
Lez into the urban fabric.
A plot of land virtually in the centre of the city
passed back into municipal control during the
sixties, and there was an immediate move to
construct a series of services which
constituted the first stage of the so-called
Polygone: a dehumanized centre with no
relationship of any kind with the town, its
history or culture. When a new town council,
headed by Georges Frèche, proposed
continuing this operation over a further twenty
hectares, they entrusted the commission to
Ricardo Bofill. This was his first opportunity to
draw up an urban design scheme for a city
centre, in an operation that was in every way
different from a *ville nouvelle*. The regularity
and strict geometry of the urban design, the
human scale of the heights of the buildings,
the mix of uses and functions combine to
make the new development an *Anti-Polygone*
which was given the name *Antigone* after
Antigone, the heroine of Greek tragedy.
The urban design scheme centres on an
axis with a length of 1 km (0.62 miles) which

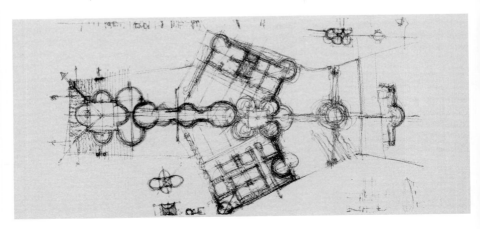

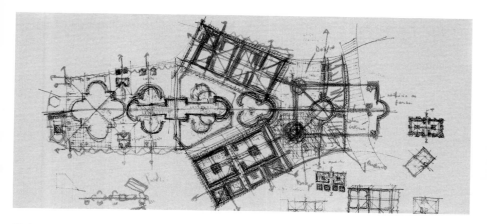

El diseño urbano se centra en un eje de un kilómetro de longitud que viene a ser una prolongación del eje histórico del sector oeste de la ciudad, formado por el famoso viaducto y la plaza du Peyrou.

La composición del tejido urbano se basa en una geometría fundada en los principios del número áureo, principios que se han aplicado desde la organización del espacio hasta el diseño de los últimos detalles constructivos. La estructura básica del proyecto es el eje central que desde el centro de la ciudad se dirige hacia el río Lez, a lo largo del cual se suceden seis plazas. Las plazas tienen diferentes formas y tamaños, definidos en función de sus leyes geométricas de

is a continuation of the historic axis of the western part of the city formed by the famous viaduct and the Place du Peyrou. The composition of the urban fabric is based on a geometry founded on the principles of the golden section; principles that have been applied to everything from the spatial organization down to construction details. The basic structure of the project is the central axis which runs from the centre of the city to the river Lez, with six squares laid out along it. These squares differ in form and size, defined in terms of the geometric laws governing their proportion and harmony, as well as the projected number of houses. The final result

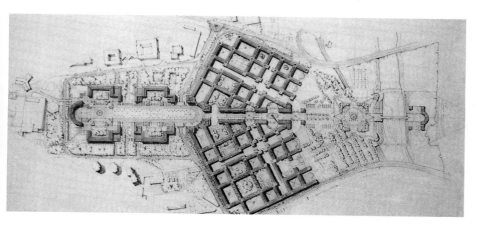

proporción y armonía y también en función del número de viviendas previstas. El resultado final es una secuencia de configuraciones geométricas –cuadrado, rectángulo, semicírculo– relacionadas por un mismo sistema armónico. La *Place des Echelles de la Ville*, la *Place du Nombre d'Or*, la *Place du Millénaire* y *l'Esplanade de l'Europe* conducen hasta el río en un marco de construcciones de diversos arquitectos que se han adaptado al diseño urbano y normativa estilística de Ricardo Bofill como arquitecto jefe de Antigone.

La *Place du Nombre d'Or*, a cargo del Taller de Arquitectura, fue la primera realización del conjunto, edificio que se convirtió en

is a sequence of geometric configurations– square, rectangle, semicircle– related by a shared system of harmony. The *Place des Echelles de la Ville*, the *Place du Nombre d'Or*, the *Place du Millénaire and the Esplanade de l'Europe* lead towards the river, framed by buildings by a number of different architects, adapted to the urban design and the stylistic norms established by Ricardo Bofill as chief architect of Antigone. The *Place du Nombre d'Or*, the work of the Taller de Arquitectura, was the first to be completed, a construction which served as the motor force and architectonic reference for the development as a whole. The relationship with the city centre, and

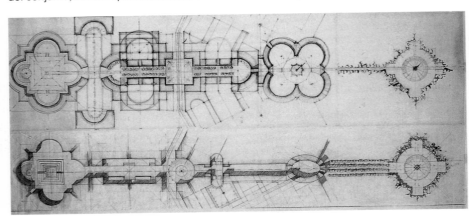

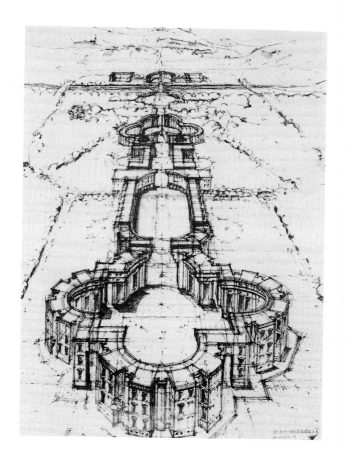

motor y referencia arquitectónica para el resto de la urbanización. La relación con el centro de la ciudad y especialmente con el Polygone fue uno de los desafíos importantes para el Taller, materializado en el edificio *Les Echelles de la Ville* que permite poner en contacto el nivel de la Place de La Comédie con el de Antigone a través de un edificio-escalera.

Definido el eje central, se efectuó un estudio en profundidad de las zonas laterales para mantener la dinámica del eje central y lograr una coherencia en las entregas con el tejido urbano existente. Las zonas laterales recuperan una tipología de manzana como extensión del nuevo barrio hacia la

especially with the Polygone, was one of the most important challenges which the Taller had to face, given material expression in the *Les Echelles de la Ville* building, which brings the level of the Place de La Comédie into contact with that of Antigone by means of a stairway-building. Having defined the central axis, an in-depth study was made of the lateral zones with a view to maintaining the dynamic of the central axis and ensuring coherence in the contacts with the existing urban fabric. The lateral zones have returned to a block typology as an extension of the new neighbourhood in the direction of the city. The new development is not only inscribed

ciudad. La nueva urbanización no solamente se inscribe en el tejido existente sino que incluso lo ha ordenado, definiendo vías principales y secundarias, calles y plazas donde había un caos de grandes edificios aislados y pequeñas viviendas unifamiliares suburbiales.

Las ideas de belleza y armonía han coexistido con el pragmatismo que se impone ante una operación de esta envergadura para no encarecer el precio de la construcción o de las viviendas, permitiendo a los promotores obtener sus beneficios normales, «a pesar» de construir un barrio de calidad donde el porcentaje de viviendas sociales es muy elevado.

within the existing fabric, but has actually ordered it, defining main and secondary thoroughfares, streets and squares where there was previously a chaotic mix of large, isolated buildings and small suburban family homes.

The ideas of beauty and harmony have been balanced with the pragmatism which necessarily informs an operation on such a scale in order to keep down the costs of construction and of the completed houses, thus allowing the developers to obtain their usual profits "in spite of" building a residential development of genuine quality in which the percentage of subsidized housing is extremely high.

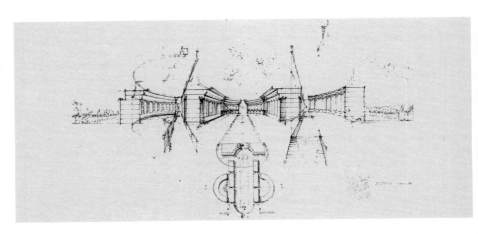

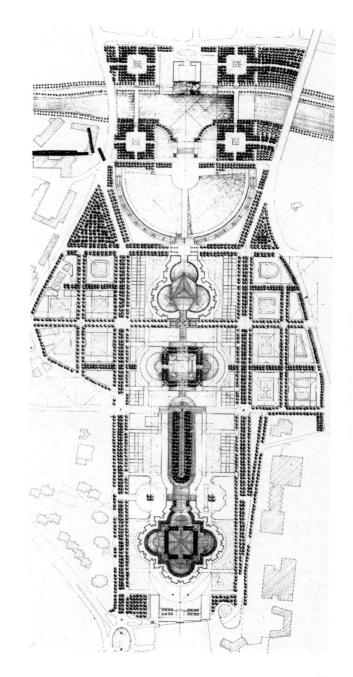

Port Marianne, Montpellier
Proyecto, 1988

Port Marianne, Montpellier (France)
Project, 1988

La voluntad del Ayuntamiento de Montpellier de reequilibrar hacia el Este el crecimiento de la ciudad no se detiene en el proyecto de Antigone. Port Marianne extiende
el trazado urbano siguiendo el río Lez hasta el
puente de la autopista Barcelona-París. La
operación se inicia en el extremo este de
Antigone y prevé la conversión del río en un
canal navegable hasta el mar. Se prevé ele-
var unos cuatro metros el nivel actual del
río y controlar el flujo de agua evitando el
riesgo de las avenidas torrenciales típicas
de los ríos mediterráneos. El río estará bor-

Montpellier City Council's desire to
reestablish the city's equilibrium by
promoting eastward expansion was not
confined to Antigone. Port Marianne
extends the urban fabric along the banks of
the river Lez as far as the bridge carrying
the Paris-Barcelona motorway. The
operation starts on the eastern edge of
Antigone, and envisages the future
conversion of the river into a navigable
channel all the way to the sea. This will
involve raising the level of the river by some
four metres and controlling the flow of

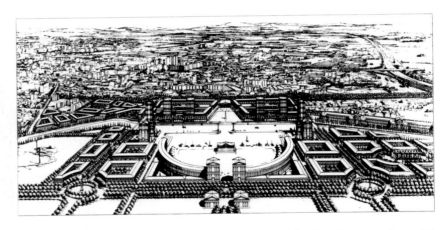

deado por muelles situados casi a nivel
del agua, formando un paseo arbolado,
completamente integrado en el tejido de la
ciudad. Dos puentes cruzan el río en la
parte central del proyecto marcando el trazado de una geometría fuerte y formando
un cuadrado delimitado por cuatro avenidas. En el centro se crea un puerto y un
estanque semicircular de poca profundidad destinado a pequeños botes de
remos. Al otro lado del río, otro estanque
situado en un plano sobreelevado ofrece
una falsa perspectiva realzando el eje
central. Los volúmenes construidos se in-
sertan en una composición urbana muy
estructurada.

water, avoiding the dangerous torrential
flooding typical of the rivers of the
Mediterranean. The river will be bordered
by a tree-lined esplanade almost at water-
level, completely integrated into the urban
fabric. Two bridges will cross it in the central
part of the project, marking out the lines of a
strong geometry in the form of a square
bounded by four avenues. In the centre
there will be a port and a shallow,
semicircular lagoon for small rowing boats.
On the other side of the river, a second,
raised lagoon will offer a false perspective,
emphasizing the central axis. The built
volumes will be inserted into a highly
structured urban composition.

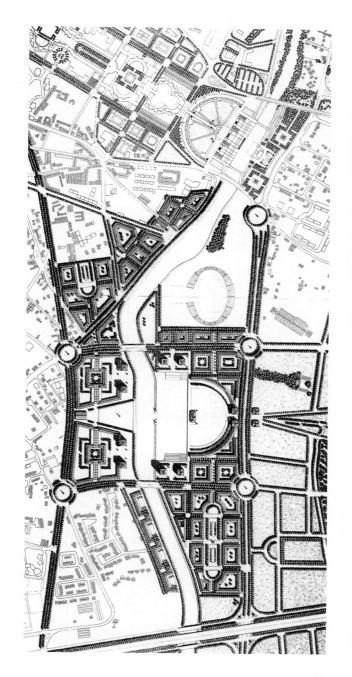

43

Bab-Al-Sheikh. Bagdad
Proyectos, 1982 y 1987

Encargo del Gobierno iraquí para el desarrollo de un barrio de Bagdad. La zona del proyecto se encuentra situada a unos cien metros de la mezquita de Al-Gaylani con una agrupación de casas antiguas que se debían conservar. Se preveía la construcción de más de un centenar y medio de casas unifamiliares con una altura máxima de tres plantas. La renovación urbanística perseguida por el proyecto parte de un racionalismo de trazado rectilíneo que se inserta con facilidad en el tejido existente, de gran sabor tradicional. Las calles son en su

Bab-Al-Sheikh, Baghdad
Projects, 1982 and 1987

A commission from the Iraqi government for the development of a district of Baghdad. The project zone lies some 100 m (333') from the Al-Gaylani mosque, with a group of old houses which were to be conserved. The scheme proposes the construction of over 150 single-family homes, with a maximum height of three storeys. The urban renewal to be achieved by the scheme is based on a rationalized rectilinear layout which can easily be inserted into the existing fabric, with its markedly traditional character. The streets

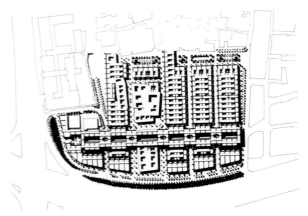

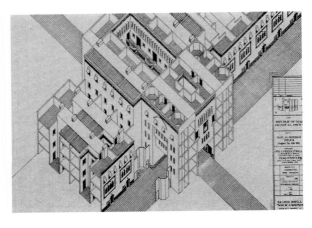

mayoría peatonales, definiendo claramente las destinadas a circulación y servicios y dando un tratamiento especial a los pasos de comunicación con las murallas de la mezquita. El nuevo barrio consiste en un trazado de calles peatonales paralelas, cruzadas perpendicularmente por una calle transversal que en cada intersección forma un patio cubierto. Esta calle actúa como su espina dorsal: con dos plantas más de altura, totalmente porticada y con los patios cubiertos, se convierte en el polo de atracción de la población. Discurre también entre los dos núcleos de viviendas antiguas, lugar donde adopta su forma más noble, en una especie de sala hipóstila. La arquitectura conjuga el atractivo de las construcciones tradicionales existentes, con el diseño de unos nuevos edificios fieles a la tradición del legado cultural islámico, sin caer en una caricatura fácil de los magníficos ejemplos arquitectónicos de la zona. La dinámica bélica que reiteradamente ha afectado el país ha pospuesto diversas veces la construcción del proyecto.

are mostly pedestrian, with those intended for vehicular traffic and services clearly defined, and special attention has been devoted to the lines of communication with the walls of the mosque. The new district consists of a series of parallel pedestrian streets, crossed at right angles by a transverse street which forms a roofed courtyard at each intersection. This street acts as the backbone: two storeys higher, with the covered courtyards and the porticoes running its full length, this will be the focus of attraction for the population. It also runs between the two nuclei of old houses, where it takes on its noblest form, in a kind of hypostile hall. The architecture counterpoints the charm of the existing traditional buildings through the design of the new buildings, faithful to the traditions of the cultural legacy of Islam, without lapsing into facile caricature of the magnificent pieces of architecture in the vicinity. The militaristic dynamic which has affected the country has several times postponed construction of the project.

Port Imperial, Nueva Jersey
Proyecto, 1985

Proyecto para la construcción de 2.000 viviendas, locales comerciales, aparcamiento e instalaciones deportivas, situado a la orilla del río Hudson en la orilla opuesta al Midtown de Nueva York, con transbordador propio, frente a la silueta urbana más famosa del mundo: Manhattan. El proyecto se presentó como una sucesión de plazas encaradas a la ciudad de Nueva York, mientras que por el lado de New Jersey presentaba una imagen de edificio compacto. La fase inicial del primer proyecto elaborado consta de tres plazas orientadas hacia los

Port Imperial, New Jersey
Project, 1985

A project for the construction of 2,000 dwellings, commercial premises, car park and sports facilities, by the side of the Hudson River, opposite New York's Midtown, with its own ferry service, and with a view of the most famous city skyline in the world: Manhattan. The project presents itself as a series of squares facing towards New York City, while on the New Jersey side it offers the image of a compact building. The initial phase of the first version of the project to be worked out has three squares oriented towards the key points of

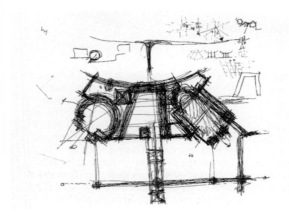

Página siguiente: Plano de situación, primer proyecto y segundo proyecto.

Following pages: Site plan, first project and second project.

puntos clave de la ciudad. Las tres plazas tienen forma diferente, definida por un trazado geométrico. El embarcadero, que se proyecta perpendicularmente al río, marca el eje transversal del proyecto y da nacimiento a uno de los lados de la plaza central, asimétrica. En el punto de partida del embarcadero se levanta una torre-campanile, excéntrica respecto a la plaza, que sirve de punto de escala en la perspectiva del conjunto y de marco en la vista hacia la ciudad.
En un segundo proyecto, el embarcadero se convirtió en eje del conjunto, marcando la simetría de las cuatro plazas semicirculares que lo forman. La disposición geométri-

the city. These three squares have different forms, defined by a geometrical layout. The ferry terminal, designed to run perpendicular to the river, marks out the transverse axis of the project and generates one side of the asymmetrical central square. The start of the ferry landing is marked by a *campanile* bell tower, eccentric with respect to the square, which determines the scale in the perspective of the complex and frames the view of the city. In the second version of the project, the ferry landing has become an axis of the whole scheme, marking the symmetry of the four semicircular plazas which compose it. The geometrical arrangement of these

46

ca de los cuatro semicírculos es muy simple aunque sugiere relaciones de proporción y armonía más complejas. En el lado interior, frente al acantilado, la forma semicircular de las plazas presenta una fachada de templo en la tangente con la avenida perimetral. En la misma avenida, tres torres marcan el punto inicial, medio y final del proyecto en el lado interior.

four semicircles is very simple, although it manages to suggest more complex relationships of proportion and harmony. On the interior, opposite the cliffs, the semicircular form of the plazas presents a temple-like facade on the tangent with the peripheral avenue. On this avenue, three towers signpost the beginning, middle and end of the project in the interior.

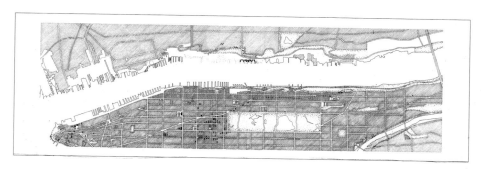

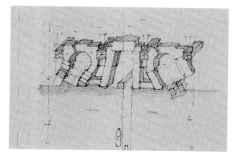

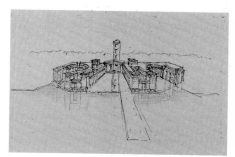

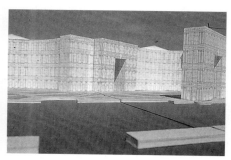

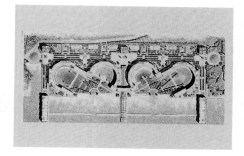

La Ciotat, Marsella
Proyecto, 1986

Proyecto de nueva fachada marítima para la villa de La Ciotat, en proceso de reconversión después de una importante crisis industrial. Se pretende obtener un nuevo contacto de la ciudad con el mar mediante el desarrollo del antiguo puerto, la terminación del casco antiguo y la creación de una nueva zona residencial junto al mar. Las cualidades arquitectónicas y espaciales de la ciudad se apoyarán en el nuevo diseño urbano para volver a ser descubiertas por la población. Concretamente, mientras se plantea una acción de conservación global del casco antiguo, también se advierte de la necesidad de renovar algunos fragmentos y de completar zonas marginales. La renovación de la zona del puerto se plantea desde un respeto absoluto a las construcciones existentes y siguiendo la lógica del trazado urbano. La nueva zona residencial presenta un trazado ortogonal que permite la creación de calles y plazas en un contexto ordenado, legible y bien orientado para su contacto con el mar. La trama permite la creación de manzanas de diferentes medidas y espacios públicos de dimensiones muy variadas.

La Ciotat, Marseille (France)
Project, 1986

A project for a new seafront facade for the town of La Ciotat, in a process of revitalization after a major industrial crisis. The aim was to create renewed contact between town and sea through the development of the old port, the conclusion of the historic town centre and the construction of a new residential zone by the sea. The town's architectonic and spatial qualities will be reinforced by the new urban design scheme, encouraging the population to rediscover them. Specifically, within the framework of the overall conservation of the historic centre, it was also evident that some parts would need to be renewed, and the marginal areas completed. The renovation of the harbour area was based on absolute respect for the existing buildings, and followed the logic of the urban layout. The new residential zone has an orthogonal grid which makes for the creation of streets and squares in a context that is orderly, legible and well oriented for contact with the sea. This layout allows the construction of different-sized blocks and public spaces of very varied dimensions, while maintaining the clarity of the design.

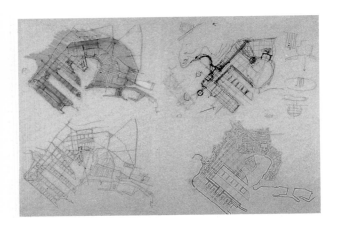

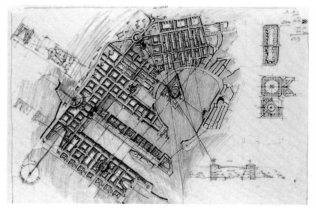

Plano de situación y planta
general.

Site plan and general plan.

La Coruña
Proyecto, 1986

Estudio realizado para el Ayuntamiento de la ciudad dentro de una operación general de remodelación de la zona comprendida en la península, que alberga el centro histórico y también la zona de la Torre de Hércules, fuertemente castigada por la meteorología y el mar. La intensa relación de la ciudad con el mar se vio truncada en años recientes debido a una planificación muy permisiva o incluso inexistente, que produjo nuevas urbanizaciones densas y altas y desplazando el centro urbano hacia tierra adentro.

La idea principal era encontrar una nueva causa inspiradora de la ciudad, un proyecto global muy fuerte que pudiera servir para marcar la dirección de la normativa urbanística y de los sucesivos proyectos que deberán realizarse a lo largo de los años. Se insistió en el equipamiento y la utilización terciaria de la zona del istmo para que volviera a ser considerada como el nuevo centro de la ciudad y como su lugar más privilegiado. Para la zona de la Dársena Real y las Galerías se sugería la creación de un estanque urbano en la Dársena y un nuevo puerto deportivo como centros de ocio, apoyados con la creación de edificios específicos para oficinas, comercios y hostelería. Esta actuación debe reconvertir la famosa fachada de galerías acristaladas en el verdadero centro ciudadano, atrayendo a visitantes venidos tanto por tierra como por mar. Otra parte del estudio contempla la zona militar antes ocupada por la Maestranza de Artillería. Aquí se propone conservar los lienzos de muralla del siglo XV, mientras se destina gran parte del terreno a jardín público, con algunas residencias. En esta zona nace el nuevo paseo marítimo que debe dar toda la vuelta a la península, desde la Dársena hasta la playa de Riazor. Una rígida normativa deberá limitar las alturas de los edificios más cercanos al mar. En la zona norte de la península se propone la creación de un singular parque que debe aprovechar y resaltar la dureza del lugar.

La Coruña (Spain)
Project, 1986

A study carried out for the City Council as part of a general remodelling operation of the zone on the peninsula which includes the historic centre as well as the area around the Torre de Hércules, which bears the full brunt of the weather and the sea. The city's intense relationship with the sea was weakened in the recent past by a planning philosophy that was relaxed to the point of being nonexistent, resulting in the construction of extremely dense new high-rise housing developments, pushing the city centre inland.

The main idea was to find a new source of inspiration for the city, an overall project strong enough to serve as a guideline for the direction to be taken by the planning standards and by the various projects which would be constructed in years to come. Particular attention was paid to the amenities and the tertiary utilization of the isthmus area, which was to be restored to its former status as the centre of the city and its most privileged sector. For the Dársena Real and Galerias, the scheme proposed the creation of an urban lagoon on the site of the Dársena dock and a new leisure port as a centre for recreational activities, supporting these through the construction of specific buildings for offices, shops and hotel and restaurant facilities. This intervention was aimed at reinstating the famous facade of glazed galleries to its original role as the true heart of the city, attracting the visitor arriving by land or sea. Another aspect of the study focussed on the military area formerly occupied by the Maestranza de Artilleria arsenal. Here the scheme proposed the conservation of the stretches of 15th century wall, converting a large part of the space into a public garden, with some residential development. This zone would see the start of the new seafront esplanade, running all the way round the peninsula from the Dársena to the Riazor beach. Strict planning control would limit the height of the buildings nearest the sea. In the north part of the peninsula, an exceptionally interesting park would take advantage of, and focus attention on, the rugged beauty of the site.

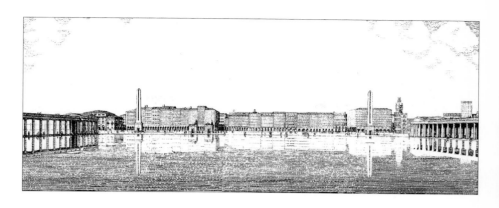

51

La Comella, Andorra la Vella
Proyecto, 1987

Estudio realizado para la corporación municipal de la capital del principado pirenaico, ante la saturación del terreno urbano situado en las orillas del río Valira. El proyecto se inserta en la problemática del Principado, con un comercio minorista hiperdesarrollado y con unas perspectivas de grave recesión. Por otra parte, la inadecuación de una Carta Magna fechada en 1278 consagra una atomización del poder y una interferencia de competencias que frecuentemente son aprovechados por especuladores para aplicar una política de hechos consumados. El proyecto de La Comella, que consiste en el diseño de un nuevo centro ciudadano situado en la ladera este del río Valira, pretende además servir de ejemplo a partir del cual se establezca una nueva normativa urbanística. Y no solamente urbanística sino que también se presenta como una alternativa económica para el pequeño principado: educación especializada, turismo no estacional vinculado a la montaña, a las aguas termales y centro de salud, constituyendo un centro de atracción por su calidad arquitectónica, planificación y confort. El lugar está formado por terrenos agrícolas, bosque y zona montañosa muy abrupta. El proyecto insiste en una adaptación a la topografía, esencial para garantizar su factibilidad. Las comunicaciones con el original núcleo ciudadano se garantizan con la remodelación de la carretera existente y se ven reforzadas por un sistema de transporte por cable. Los diferentes edificios se sitúan en la montaña de forma independiente, pero conectados entre sí por la imagen común de estar situados sobre plataformas. La relación de todos los edificios con la plaza central porticada recuerda voluntariamente la relación de la plaza central de Andorra la Vella con el resto de la ciudad.

La Comella, Andorra la Vella (Andorra)
Project, 1987

A study prepared for the municipal corporation of the capital of this Pyrineean principality, prompted by the saturation of the urban terrain on the banks of the river Valira. The project takes full cognizance of Andorra's special problems, with its over-developed retail economy facing the prospect of severe recession. Moreover, the inadequate framework of a magna carta drawn up in 1278 has institutionalized the fragmentation of political power and competition between competencies; weaknesses that are frequently exploited by property developers whose speculation is presented as *a fait accompli*. The project for La Comella, consisting of a scheme for a new civic centre on the east bank of the river Valira, seeks at the same time to set an example of how a new planning strategy might be drawn up; a strategy not only for urban design but for an alternative economy for this little principality: specialized educational establishments, non-seasonal tourism centred on the mountains, the thermal waters and health treatments, constituting a focus of attraction on the basis of its architectural quality, intelligent planning and comfort. The site consists of agricultural land, woodland and a steep, mountainous area. The project concentrates on adapting to the topography, essential for its practical viability. Communications with the original civic centre are ensured by the upgrading of the existing road and complemented by a new cable transport system. The various different buildings are laid out singly on the mountainous site, yet interconnected by the fact that each one stands on a platform. The relationship of the individual buildings with the porticoed central square is a deliberate evocation of the relationship between the main square of Andorra la Vella and the rest of the city.

Monchyplein, La Haya
Proyecto, 1986

Monchyplein, The Hague
Project, 1986

La zona de Monchyplein está situada dentro de la ciudad de La Haya, pero está también totalmente aislada del resto de la ciudad. La primera y evidente solución al problema urbano de Monchyplein es conectar la zona con el gran eje urbano, tal como ya propuso H. P. Berlage en 1908. Para la remodelación del espacio concreto de Monchyplein, se elaboró un programa de usos y volúmenes que huye de cualquier planteamiento utópico, proponiendo la creación de 800 viviendas. La calidad de algunos edificios existentes hizo pensar en su reutiliza-

The district of Monchyplein lies within the boundaries of The Hague, but is completely isolated from the rest of the city. The first and most obvious solution to Monchyplein's urban problems is to connect it with the main axis of the city, as H. P. Berlage proposed in 1908. For the remodelling of the physical space of Monchyplein, a programme of uses and volumes was worked out, rejecting any kind of utopianism, which involved the construction of 800 dwellings. The quality of some of the existing buildings suggested their

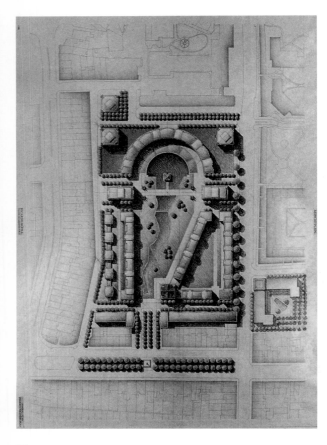

ción de acuerdo con su situación urbana. El proyecto se dividió en tres partes, de acuerdo con las fases de construcción previstas. La primera, en forma de semicírculo, define un potente espacio interior que crece en espectacularidad cuando se construyen las fases siguientes. Un campanile culmina y da estabilidad a la composición. Este espacio interior, conectado con la ciudad a través de Nassauplein, se convierte en el centro del nuevo barrio y en su principal zona ajardinada.

conservation for new uses in keeping with the urban situation. The project was divided into three parts, in accordance with the three phases of construction envisaged. The first, in the form of a semicircle, defines a potent interior space whose spectacular quality increases with the addition of the subsequent phases. A *campanile* crowns and gives stability to the composition. This interior space, connected with the city by way of Nassauplein, is made the centre of the new district and its principle landscaped area.

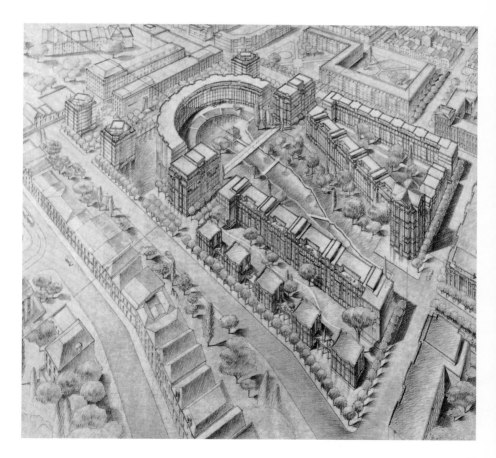

La Bastide, Burdeos
Proyecto, 1988

Reestructuración de una zona de cien hectáreas en la orilla derecha del Garona frente al centro histórico de Burdeos, en el punto donde convergen los grandes ejes de la ciudad. Este terreno, debido al arco que traza el río frente a la ciudad, es su verdadero centro geográfico y, por tanto, tiene una clara vocación de nuevo centro ciudadano. Previo al diseño urbano se realizó un amplio estudio de la historia urbanística de Burdeos para llegar a construir un centro de ciudad homogéneo con el tejido urbano de la orilla opuesta. En el intento de convertir el Garona en un río totalmente urbano, se diseña una fachada fluvial como respuesta coherente a la otra orilla y a las plazas de la Bourse y de Quincoces. Los grandes ejes de circulación también son una respuesta al diseño del ensanche ilustrado de la ciudad, con el transporte pesado alejado de los márgenes del río que recuperan así su carácter ciudadano. El diseño de calles, plazas y jardines permite la integración en la trama ortogonal del viejo barrio de La Bastide y define las bases de operación para las diferentes fases de su desarrollo. Una primera fase comprende la realización de 500 viviendas, comercios y equipamientos como el Museo de Bellas Artes y el Auditorio, un parque de tres hectáreas y diversas plazas.

La Bastide, Bordeaux (France)
Project, 1988

A restructuring scheme for a 100-hectare site on the right bank of the Garonne, opposite the historic centre of Bordeaux, where the city's major axes converge. In fact, given the curve in the river as it runs through the city, this is the true centre of Bordeaux, and thus has a clear potential to become its new civic centre. Prior to the urban design scheme, a thorough study was made of the city's planning history as a basis for the construction of a centre that was homogeneous with the urban fabric on the other side of the river. In orden to make the Garonne a truly urban river, the scheme designed a waterfront facade as an apt response to the opposite bank and the squares of the Bourse and Quincoces. The great axes of circulation also respond to the design of the city's Enlightened 18th-century expansion, taking heavy traffic away from the river, which thus regains its civic character. The design of streets, squares and gardens aids integration into the grid of the old neighbourhood of La Bastide defin the different stages of the development. The first includes the construction of 500 houses, shops, a Museum of Fine Art and an Auditorium, a 3-hectare park and various public squares.

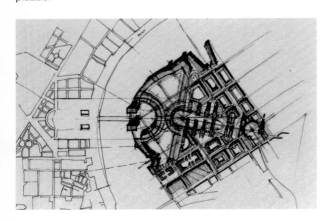

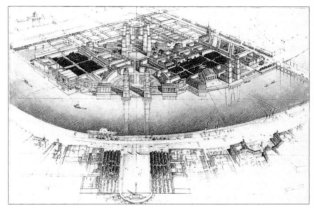

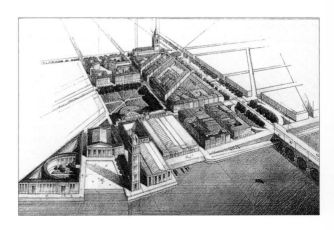

Costa norte de Beirut

Proyecto, 1988, en colaboración con Pierre el Khoury

Ordenación del litoral norte de Beirut en un terreno ganado al mar, de 400 metros de ancho por cuatro kilómetros de largo. Por su longitud, el barrio no se comporta como un apéndice de Beirut sino que se convierte en un nuevo centro de ciudad, con sus calles, plazas y jardines y con una mezcla de funciones típicamente mediterránea. La tipología de los edificios y la importancia de los espacios comerciales le confieren un marcado carácter libanés. El barrio se desarrolla a partir de una geometría muy simple basada en cuadrados de 400 metros que definen una trama ortogonal. En la parte más cercana a la costa, se dejan libres cincuenta metros para marcar una separación con la autopista y la vía férrea. Un eje comercial central une las manzanas de los dos lados alrededor de plazas y calles comerciales. Un paseo con una circulación central de doce metros y aceras de siete metros recorre todo el litoral, abriéndose sobre las grandes plazas frente al mar. Las calles perpendiculares se sitúan cada cien metros para permitir a la ciudad una vista constante al mar. El puerto, la plaza de entrada al barrio desde Beirut y la plaza de las playas del norte puntúan el nuevo barrio y constituyen sus principales centros de actividad. El barrio será esencialmente residencial con unas 6.500 viviendas. Habrá además comercios, oficinas, escuelas, un club deportivo, el Museo del Mar y un helipuerto.

North coast of Beirut

Project, 1988, in collaboration with Pierre el Khoury

A design scheme for the northern coastal area of Beirut, on a plot of land reclaimed from the sea, with a width of 400 metres and a length of 4 kilometres. This district will not function as an appendix to the city of Beirut, but will have the character of a new city centre, with its streets, squares and gardens and its typically Mediterranean mix of uses. The new neighbourhood is developed on the basis of a very simple geometry, using squares measuring 400 x 400 m (1333' x 1333') to mark out an orthogonal grid. On the part nearest the shoreline, a strip fifty metres wide has been left free in order to mark the separation between the motorway and the railway line. A central commercial axis links the blocks on either side around squares and shopping streets. A promenade with a 12 m (40') wide central roadway and 7 m (23') pavements runs the entire length of the shoreline, opening out onto the great squares overlooking the sea. The perpendicular side streets are spaced every one hundred metres, thus providing the city with a view of the sea. The port, the square marking the entrance to the new district from Beirut and the square by the north beaches punctuate the area and constitute its principal centres of activity. The neighbourhood will be residential (6,500 houses). It will also be provided with shops, offices, schools, a sports club, the Maritime Museum and a heliport.

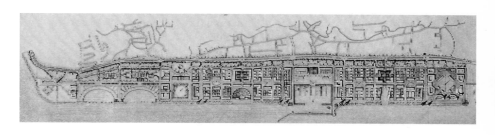

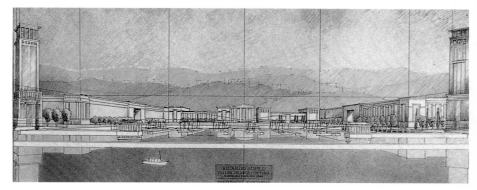

Grand Est, Montpellier
Proyecto, 1988.

Como elemento final en la operación de re-
equilibrio de la ciudad gracias a su expansión hacia Levante y con la urbanización de
los márgenes del río Lez, se planteó la necesidad de un plan general de ordenación
para la zona, en previsión de una posible
expansión provocada por el nuevo puerto
fluvial del Lez.
Este plan destina 180 ha. para una plaza
central en forma de hipódromo que marca el
eje central y para un campo de golf rodea-
do por pequeñas edificaciones dispersas.
Al Norte y al Oeste del proyecto se establece un nuevo eje que acoge un centro comercial y un gran parque que pone en contacto las puertas de la ciudad con el puerto
del Lez. A ambos lados del parque, los viales principales marcan una trama ortogonal
que define la organización de los futuros
nuevos barrios de la ciudad. El diseño del
Taller de Arquitectura tiene especialmente
en cuenta la conservación y potenciación
de las zonas verdes existentes, decidiendo
su utilización a partir de su importancia. La
jerarquía establecida en la red viaria, marcando paseos, vías rápidas, de servicio y
secundarias, forma una malla urbana efecti-
va, a la vez que asegura la continuidad de
los ejes existentes.

Grand Est, Montpellier (France)
Project, 1988

As the final element in the operation of
restoring the city's equilibrium by means of
its eastward expansion and the urban
development on the banks of the river Lez,
it was decided that a general urban plan for
the laying out of the zone was needed, to
provide for possible future growth
stimulated by the Lez river port.
This plan set aside 180 hectares for a
central square in the form of a hippodrome,
which marks the central axis, and a golf
course with a number of small buildings
scattered around it. To the north and west
of the project area a new axis will include a
shopping centre and a large park,
establishing contact between the city gates
and the port on the Lez. On either side of
the park, the main traffic routes mark out an
orthogonal grid which defines the
organization of the city's as yet unbuilt new
districts. The Taller de Arquitectura's design
is particularly concerned with the
conservation and maximization of existing
landscaped areas, determining their use on
the basis of their importance. The hierarchy
established in the circulation network,
distinguishing promenades, expressways,
secondary and service roads, forms an
effective urban grid at the same time as it
ensures the continuity of the existing axes.

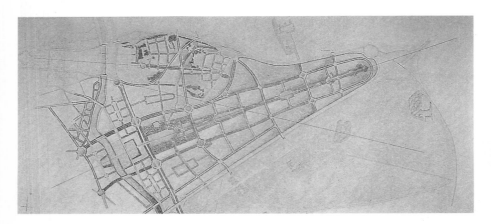

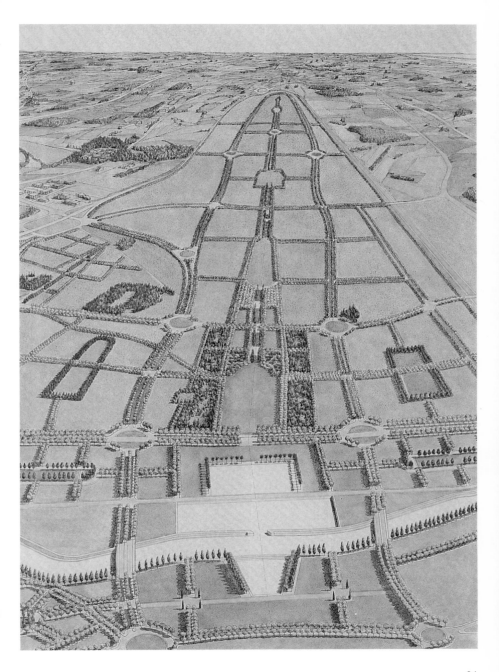

Novo Podreskovo, Moscú
Proyecto, 1989

Barrio internacional de negocios situado cerca del aeropuerto, en la confluencia de dos importantes vías de acceso a Moscú. La primera fase se desarrolla en un terreno de 60 hectáreas, con un programa de viviendas y oficinas. Cerca del cruce de las dos carreteras se levanta una especie de muralla articulada con una vocación más clara de centro de negocios, oficinas, comercios y hoteles. Más a Levante se alzan dos nuevos barrios a lo largo de un parque de 170 m de ancho. Estos barrios disponen de un eje central peatonal constituido por

Novo Podreskovo, Moscow
Project, 1989

An international business district situated near the airport, at the convergence of two major access roads into Moscow. The first phase of the project occupies a 60-hectare site with a programme of housing and offices. Close to the junction of the two major roads, a construction reminiscent of an articulated "city wall" announces its function as a business centre, with offices, shops and hotels. Further east, two new residential neighbourhoods are laid out along a linear park 170 m (566') wide. These have a central pedestrian walkway

una sucesión de plazas y edificios de una altura máxima de seis plantas. En el borde del parque o de las zonas verdes que actúan como tampón entre la carretera y el nuevo barrio, los edificios pueden llegar a las doce plantas. Algunas torres de unos veinte pisos marcan las entradas y los principales puntos de la composición urbana. La variedad de formas propuestas son fruto de una combinación simple de tramas regulares, tanto rectas como curvas, teniendo especialmente en cuenta la facilidad para la prefabricación de los elementos constructivos.

composed of a succession of squares and buildings with a maximum height of six storeys. Bounding the park or the landscaped areas which act as buffers between the highway and the new neighbourhood, the buildings have a maximum height of twelve storeys. A number of twenty-storey towers mark the entrances and the key points in the urban layout. The variety of forms proposed is the result of a simple combination of regular straight or curving sequences, with particular attention being given to the use of easily prefabricated construction elements.

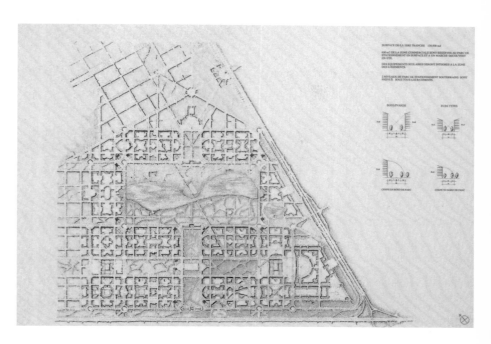

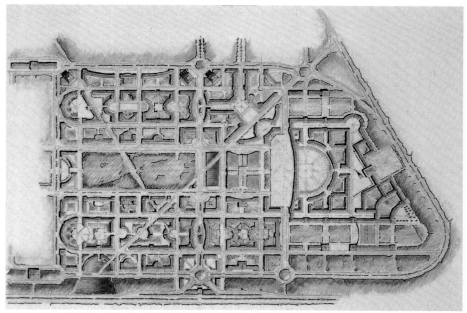

63

Viejo puerto de Montreal
Proyecto, 1989

Old port of Montreal
Project, 1989

Proyecto de reconversión de un fragmento del puerto fluvial en el río San Lorenzo. El proyecto debe estructurar el terreno del antiguo puerto y el situado más al sur, destinado a parque tecnológico, estableciendo el criterio de los espacios construidos y vacíos. Por otro lado, debe prever la construcción de viviendas en la zona sin perder el estrecho contacto del centro histórico con el río. La apertura del canal de Lachine en el río San Lorenzo indujo a plantear un eje Este-Oeste que marcará los límites de la ciudad y actuará como fachada marítima. En la zona portuaria se crea un eje compuesto por espacios verdes y plazas minerales. Los equipamientos se sitúan junto a los muelles. La Jetée King Edward albergará hoteles y un Museo, mientras que la Jetée Alexandra conservará sus funciones portuarias. La zona del Faubourg des Recollets y canal de Lachine es objeto de una operación de revitalización urbana. La rotación del eje central al nivel de la autopista y la apertura del canal al río ofrecen la posibilidad de seguir el desarrollo de espacios y equipamientos hacia el Oeste. En el Faubourg Quebec y Quai de l'Horloge requiere una reorientación del eje principal para organizar la zona respetando la trama existente al Este de la ciudad y diseñando una marina en el antiguo muelle del reloj. Los edificios de viviendas previstos se organizan alrededor de una plaza abriendo su perspectiva hacia el río.

A project for the urban renewal of a section of the port on the St Lawrence river. The scheme was to structure the site of the old port and another plot further south, to be developed as a technology park, establishing the criterion of built and open spaces. At the same time, it had to allow for the construction of housing in the area without losing the close contact between the historic centre and the river. The opening of the Lachine canal into the St Lawrence prompted the drawing up of an east-west axis which would mark out the limits of the city and act as a waterfront facade. In the harbour area, an axis consisting of landscaped spaces and hard squares was to be established, with the services and facilities situated along the dockside. The Jetée King Edward would accomodate hotels and a Museum, while the Jetée Alexandra would retain its function as a harbour. The area of the Faubourg des Recollets and the Lachine canal were to undergo a process of revitalization. The rotation of the central axis on the level of the motorway and the opening of the canal into the river offered the possibility of continuing the development of spaces and facilities to the west. The Faubourg Quebec and Quai de l'Horloge called for a reorientation of the main axis in order to organize the zone while respecting the existing layout of the eastern flank of the city, and the scheme included the design of a marina for the old Horloge dock. The planned residential buildings were to be organized around a square, looking out on the river.

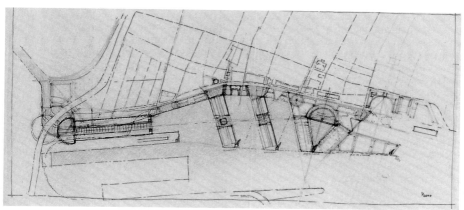

65

La Platera, L'Estartit (Girona)
Proyecto, 1990.

Como una nueva visión ante un programa de construcción de residencias estivales en la zona costera, el Taller de Arquitectura propone una solución estrechamente ligada a la historia geomorfológica de la zona, intentando mantener el máximo espacio libre y respetuosa con la naturaleza. La zona, denominada «La Platera», es de alto valor ecológico por sus marismas donde abundan las aves y por estar situada frente a las islas Medas, Reserva Natural Marítima. El origen de las marismas se encuentra en el desvío de la desembocadura del río Ter en el siglo XVIII. Por tanto, el equilibrio que se intenta lograr entre zona edificada y espacios naturales cuenta con el trazado de los canales y caminos existentes como elemento primordial que marca la trama urbanística de la zona. Un nuevo eje une el actual trazado del Ter con el antiguo, zona que ha permanecido libre de edificaciones. Por razones de densidad, se evita la construcción de casas unifamiliares permitiendo dejar mucho más espacio libre. Se ha evitado la construcción de casas pareadas para conseguir áreas sin edificar más amplias. El proyecto planteó un edificio de planta baja y piso con una forma geométrica muy precisa.

La Platera, L'Estartit (Girona, Spain)
Project, 1990

By way of a new perspective on a programme for the construction of summer residences on a site near the coast, the Taller de Arquitectura proposed a solution closely bound up with the geomorphological history of the area, seeking to preserve as much open space as possible and respect the natural environment. The area, known as "La Platera", is of considerable ecological value on account of its marshes, with their abundance of birdlife, and the fact that it has the Medes islands, a Maritime Nature Reserve, just off the coast. The marshes have their origin in the diversion of the river Ter in the 18th century. As a result, the balance which was sought between built-up area and natural spaces found a support in the system of existing canals and roads, taking this as a primary element marking out the urban development layout of the zone. A new axis will link the present course of the Ter with the earlier channel, an area that has remained free of construction. For reasons of density, there are no detached or semidetached houses in the scheme, thus leaving much more open space and a greater proportion of unbuilt land: the programme opted instead for a building with a very precise geometrical form, consisting of ground and first floor.

66

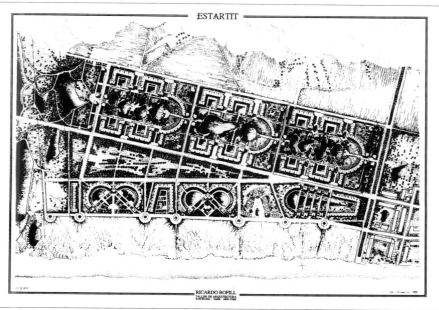

ESTARTIT

RICARDO BOFILL
TALLER DE ARQUITECTURA
BARCELONA PARIS NEW YORK

L'Apogée y Le Capitole, Montpellier
Proyecto, 1990.

Punto de articulación entre los dos grandes complejos de Antigone y Port Marianne. Los terrenos de la orilla este del río Lez en los que se sitúan los dos edificios marcan el punto de encuentro de los ejes principales de ambos conjuntos urbanísticos. Por la parte de Antigone, se completa la urbanización de Port Juvenal, con sus viviendas restaurantes y explanada frente al río, mientras ofrece un marco al edificio del gobierno de la región. Las dos plazas que se abren a cada lado del edificio gubernamental responden a la simetría general del eje de Antigone, mientras que su propia configuración asimétrica permite aumentar el número de fachadas con vista al río Lez y al parque central de Port Juvenal.

L'Apogée and Le Capitole, Montpellier (France)
Project, 1990

The point of articulation between the two major developments of Antigone and Port Marianne. The site on the east bank of the river Lez on which the two buildings stand marks the point of convergence of the principal axes of these two residential complexes. On the Antigone side, this will complete the residential development of Port Juvenal, with its housing, restaurants and riverside esplanade, while providing a framework for the regional government building. The two squares which open up on either side of the government building correspond to the general symmetry of the Antigone axis, while their own asymmetry of configuration makes it possible to increase the number of facades with views of the river Lez and the central park of Port Juvenal.

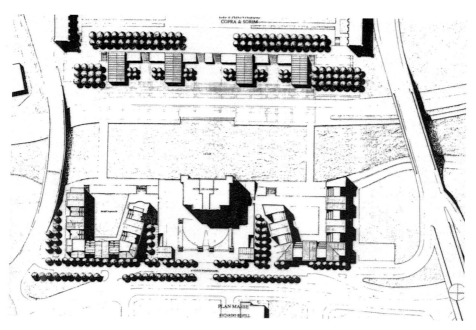

Meffre Ona, Casablanca
Proyecto, 1991.

Meffre Ona, Casablanca
Project, 1991

Complejo urbanístico para la zona oeste de Casablanca con un programa que intenta resumir las expectativas económicas y sociales de Marruecos. La ausencia de zonas de aparcamiento de vehículos y de locales apropiados para oficinas en una de las ciudades más avanzadas de Marruecos hizo pensar en la creación de este nuevo barrio destinado específicamente al comercio y a la integración en el mundo financiero internacional. El barrio sigue la tradición de la ciudad de Casablanca, con un importante legado *art-déco* y un cosmopolitismo indis-

A residential development for the western part of Casablanca, with a programme which sets out to embody Morocco's economic and social aspirations. The lack of car parking facilities and buildings suitable for offices in one of the most progressive cities in Morocco prompted the creation of this new district, conceived specifically for commerce and involvement in the world of international finance. The design of the district follows the traditions of the city of Casablanca, with its Art Deco heritage and evident cosmopolitanism. The

cutible. El conjunto se implanta como la puerta principal de los barrios residenciales al oeste de la ciudad en un terreno triangular que enfatiza la asimetría del proyecto. Está puntuado por dos torres unidas formando un puente y una tercera torre al fondo de una falsa perspectiva que marca el eje hacia la nueva mezquita y sirve de contrapunto a lo que la mezquita es y representa. Los edificios darán una imagen moderna y de alta tecnología, con un diseño depurado y de relieves mínimos donde el elemento local y tradicional se manifiesta en los materiales: mármol, estuco y cerámica. La plaza central es un centro comercial con vegetación, formado por tres terrazas, que ofrece una perspectiva a escala de la ciudad para ser vista desde el exterior del proyecto.

complex serves as the main gateway to the residential districts in the west of the city, on a triangular site which emphasizes the project's asymmetry. It is signalle by two connecting towers which form a bridge, and a third tower at the end of a false perspective which marks the axis towards the new mosque and counterpoint all that the mosque is and represents. The buildings create a modernm high-tech image with their pared-down design and minimal relief, while local tradition is revealed in the materials: marble, plaster and ceramic tiles.

The central square is a landscaped shopping centre on three terraces, offering a perspective on the urban scale, when seen from the exterior.

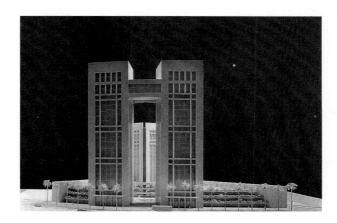

Plaza Abraham, Jerusalén
Proyecto, 1991

La plaza ocupa una superficie triangular de 20.000 m² frente a la puerta de Damasco de las murallas de Jerusalén. Al este linda con la parte árabe de la ciudad y al oeste con los barrios judíos. La base del triángulo, formada por la muralla, linda con el barrio cristiano. La plaza evoca, pues, al profeta de las tres principales religiones monoteístas del mundo. En el lado derecho del triángulo se traza una línea de 36 columnas diferentes que se convierten en esculturas al separarlas totalmente de su función de soporte. En el lado opuesto, un muro y una estructura metálica con lonas cierran la plaza, simbolizando los temas esenciales de la historia de la arquitectura simplificados al máximo. El suelo escalonado de piedra que conduce hacia la muralla estará bañado por una fina capa de agua a determinadas horas del día. Cipreses y olivos, como vegetación natural de la región, se integran en el diseño de la plaza.

Abraham Square, Jerusalem
Project, 1991

The square occupies a 20,000 m² (23,923 sq. yard) triangular site opposite the Damascus Gate in the city walls of Jerusalem. To the east it borders the Arab sector of the city, with the Jewish districts to the west. The base of the triangle, formed by the wall, runs alongside the Christian part of the city. The square thus evokes the prophet of each of the world's three principal monotheistic religions. On the right side of the triangle there is a line of 36 different columns which take on the character of sculptures, having completely abandoned any supporting function. On the opposite side, a wall and a metal structure with canvas awnings enclose the square, symbolising the essential themes of the history of architecture, simplified to the maximum. The stepped stone paving which leads in the direction of the wall will be covered with a fine sheet of water at certain hours of the day. Cypresses and olive trees, native to the region, are included in the design of the square.

Plaza de la Concordia, Vigo (Portevedra)
Proyecto, 1991

La Concordia Square, Vigo (Pontevedra, Spain)
Project, 1991

La idea general para la Plaza de la Concordia es de una plaza dura, con un pavimento que hace homogénea la totalidad del espacio. A los dos lados de la plaza la vegetación filtra la vista hacia la zona urbana, creando un espacio más cerrado en el interior. Unas gradas permiten solucionar el desnivel entre la calle superior y la plaza. El diseño de la plaza utiliza un vocabulario moderno que presenta algunas alegorías del pasado.

The general idea for the Plaza de la Concordia is for a "hard" square whose paving gives homogeneity to the entire space. On both sides of the square the vegetation filters the view of the urban surroundings, creating a more enclosed space in the interior. The difference in level between the street above and the square is resolved by means of a series of tiers. The design of the square employs a modern vocabulary which offers certain allusions to the past.

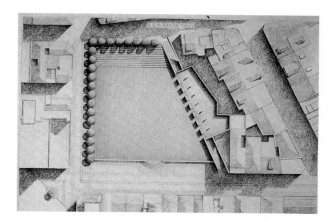

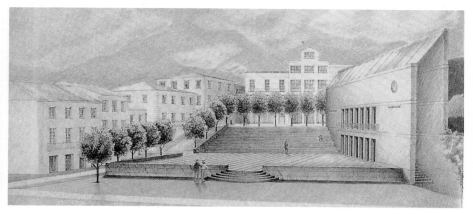

El espacio público:
Los parques

The public space:
Parks

Entre las múltiples propuestas de parque desarrolladas por el equipo de Ricardo Bofill, cabe destacar dos proyectos muy significativos: el primero, demolido en los comienzos de su construcción y el segundo, realizado solamente en parte. Ambos proyectos han sido los que más energías han consumido, más debate teórico han suscitado y más se han visto envueltos en polémicas extra-arquitectónicas. Se trata de los proyectos del Jardin des Halles, en París, y del Jardín del Turia, en Valencia. Ambos se caracterizan por su situación céntrica en las respectivas ciudades y por la notable extensión de terreno a ajardinar. A pesar de materializar las ideas de los dos parques en proyectos sensiblemente diferentes, se advierten las constantes que estarán presentes en toda la obra de Bofill: el espacio público como elemento vital de la vida social, como lugar de encuentro en el que compartir diálogo o juego en un entorno armónico. En los dos parques se aprecia, a escalas muy distintas, la búsqueda de un equilibrio entre los elementos arquitectónicos y los elementos naturales, agua y vegetación, y la estricta voluntad de utilizar siempre las especies vegetales autóctonas. El ordenado diseño de los parques o jardines del Taller, que ha sido criticado en múltiples ocasiones como excesivo, ha sido conscientemente buscado por Bofill como un elemento diferenciador de lo que, de otra manera, no sería más que un espacio natural. La arquitectura del Taller no actúa contra la naturaleza, solamente se erige en su elemento ordenador.

Amongst the numerous schemes for parks worked out by Ricardo Bofill's team, special mention must be made of two highly significant projects: the first was demolished at an early stage of its execution, and the second was only completed in part. These two projects were at the same time the ones that had absorbed the most energy, provoked the greatest theoretical debate and had been most surrounded by extra-architectural polemics. The two were the Jardin des Halles, in Paris, and the Jardí del Turia, in Valencia. Both were characterized by their central situation with regard to their respective cities and by the considerable area of terrain to be landscaped. Despite the fact that the ideas for the two parks were materialized in projects that are appreciably different, it is possible to recognize constants to be found in all of Bofill's work: the public space as a vital element in the life of society, as a place of encounter in which to converse or play in harmonious surroundings. In each of these parks there is an evident pursuit, on very different scales, of a balance between the architectonic and the natural elements, water and vegetation, and the rigorous determination always to use native species of plants. The orderly design of the Taller's parks or gardens, criticized on numerous occasions as being excessively strict, is something that Bofill has consciously pursued as a differentiating element in what would, otherwise, be nothing more than a natural space. The Taller's architecture does not work against nature, but it does impose itself as an ordering element.

Les Halles, París
Concursos y proyectos, 1975-1978

Les Halles, Paris
Competitions and projects, 1975-1978

El espacio que dejó libre el derribo del antiguo mercado de Les Halles en la *rive droite* de París fue motivo de un concurso internacional de proyectos convocado por la presidencia de la República con la oposición de la alcaldía de la ciudad. Este conflicto de competencias ocasionó sucesivas impugnaciones del proyecto Bofill, ganador del concurso, y una agria polémica política que terminó con la demolición de las primeras obras construidas. La polémica ocasionó también la redacción de diferentes proyectos sucesivos, de los que habrá que des-

The space which was left vacant by the demolition of the old Les Halles market on the rive droite of Paris was made the object of an international design competition, organized by the president's office in opposition to the wishes of the city council. This conflict of jurisdictions resulted in a series of challenges to Bofill's project, which won the competition, and in a bitter political battle which concluded with the demolition of what little of the work had been constructed. The polemic also led to the drawing up of subsequent versions of the

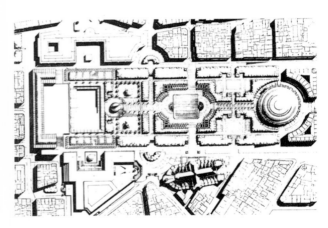

tacar los elementos comunes: el espacio se concibió como un jardín fuertemente marcado por la geometría, especialmente evocador de la ciudad y país en el que estaba situado. Un edificio en forma de U rodeaba el jardín por el lado este para darle una perfecta forma rectangular. La vegetación perimetral, más espesa y de mayor amplitud en los primeros proyectos, rodeaba un espacio central, ovalado en las primeras propuestas y convertido en un anfiteatro en el último proyecto. Este espacio central debía tener un uso polivalente, como lugar de encuentro ciudadano y como decorado natural para posibles espectáculos al aire libre. Este carácter escénico del espacio central

schemes, the common elements of which can be summarized as follows: the space was conceived as a garden, with a strongly geometrical character, highly evocative of the city and the country in which it was situated. A building in the form of a U bounded the garden on its east side to give it a perfectly rectangular form. The peripheral vegetation, thicker and more abundant in the first versions of the scheme, surrounded a central space that was oval in the early versions, and had become an amphitheatre in the last draft. This central space was to be multifunctional, as a place for city-dwellers to meet and as a natural setting for open-air

enlaza con la mejor tradición de la arquitectura barroca, donde el ciudadano es actor y espectador a la vez y utiliza la ciudad como actor y espectador a la vez. Los tres proyectos presentaban dos ejes centrales perpendiculares entre sí que recorrían el parque de punta a punta. La imposición de conservar de alguna forma el famoso *trou*, fosa cuadrada situada al sureste del solar, impidió el desarrollo del eje transversal en el último proyecto.

spectacles. This theatrical character is in keeping with the finest traditions of baroque architecture, in which the citizen is at once actor and spectator. All three projects presented two perpendicular central axes, which crossed the park from side to side. The obligation to conserve in some form the famous trou, the square pit located to the south-east of the site, impeded the development of the transverse axis in the final project.

Parque de l'Escorxador, Barcelona
Concurso, 1981. Segundo premio.

L'Escorxador parc, Barcelona
Competition, 1981. Second prize

Propuesta del Taller de Arquitectura para la zona oeste del Ensanche ante el concurso convocado para ajardinar las cuatro manzanas que ocupaba el matadero municipal. Con la intención de dar más entidad ciudadana a esta zona, se planteaba la reurbanización de la calle Tarragona, un nuevo uso para la plaza de toros, la creación de parques frente a la estación del ferrocarril de Sants y en la fábrica La España Industrial y un nuevo uso para la cárcel Modelo. El parque era cerrado para aumentar la seguridad nocturna y aislarlo del ruido del tráfico automovilístico. La vegetación enmarca un amplio espacio central en el que se levanta un umbráculo-templo apto para múltiples usos culturales. Este edificio puede utilizarse también como fondo de escena de un anfiteatro pavimentado de ladrillo.

The Taller de Arquitectura's submission to the competition for the landscaping of the four blocks in the western part of the Eixample formerly occupied by the municipal slaughterhouse. With the idea of giving a more civic character to the area, the scheme envisaged the reurbanization of carrer Tarragona; a change of use for the bullring; the creation of parks opposite the Sants railway station and on the site of the La España Industrial factory, and a new use for the Modelo prison. The park was to be enclosed to give greater security at night and better insulation from traffic noise. The vegetation would frame a wide central space, with a kind of planthouse-cum-temple for a variety of cultural uses. This structure would also have served as background for the brick-paved amphitheatre.

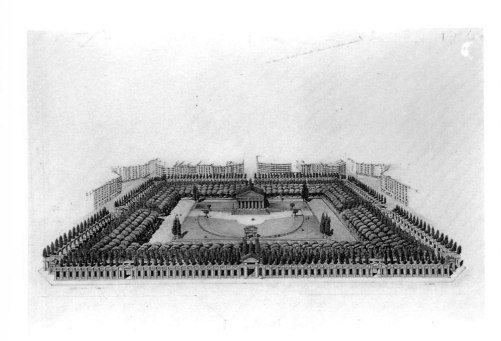

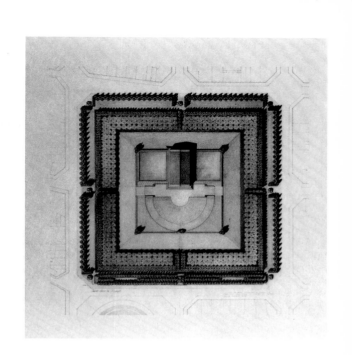

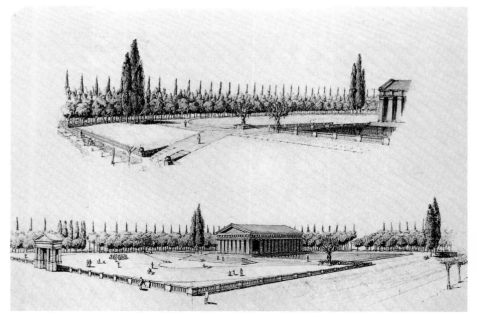

Jardínes del Turia, Valencia
Proyecto, 1981. Realización parcial, 1986

El desvío del cauce del río Turia a su paso
por Valencia para evitar las inundaciones
que periódicamente sufría la ciudad a causa de su régimen de avenidas torrenciales
dejó libre una importante franja de terreno
que cruza la ciudad de Oeste a Este, rodean-
do el centro histórico. La intervención en
este terreno requirió un profundo análisis
urbanístico que consideraba el curso del Turia como una unidad estructuradora del
conjunto urbano y, por tanto, requería un
proyecto global y unitario, pero no necesariamente uniforme. El diseño se basó en el
ajardinamiento, con la permanencia del
agua en puntos clave para recordar la presencia del río. El jardín propuesto se desarrolla a partir de bases geométricas que,
desde el eje longitudinal central, definen las
diferentes zonas y ordenan el espacio y los
recorridos. Los diversos recintos definidos
por esta geometría y rodeados por vegetación tienen diversos tratamientos: espacio
público monumental, jardín botánico, equipamiento deportivo, etc. Los tramos X y XI,
realizados por el Taller de Arquitectura,
reinterpretan la idea original para desarro-
llarla con un presupuesto muy ajustado y logran crear una de las zonas más atractivas
de la ciudad, frente al ensanche.

Turia Gardens, Valencia (Spain)
Project, 1981. Partial execution, 1986

The diverting of the course of the river Turia
in its passage through Valencia in order to
remove the threat to the city from the river's
seasonal torrential floods left an ample strip
of land running through the city from west to
east, alongside the historic city centre.
Intervention on this site called for an in-
depth urban design analysis, regarding the
channel of the Turia as a structuring
element in the urban context which thus
required a scheme that was global and
unitary, although not necessarily uniform.
The design was based on the landscaping,
and the continuing presence of water at key
points to recall the rerouted river. The
proposed garden was developed from
geometrical bases which, from the central
longitudinal axis, defined the different zones
and ordered the space and the paths
through it. The various areas defined by this
geometry and bounded by vegetation were
treated in various different ways:
monumental public space, botanical garden,
sports facility, etc. Sections X and XI, carried
out by the Taller de Arquitectura, reinterpret
the original idea in order to implement it with
a very restricted budget, and effectively
create one of the most attractive areas of the
city, opposite the historic "new town".

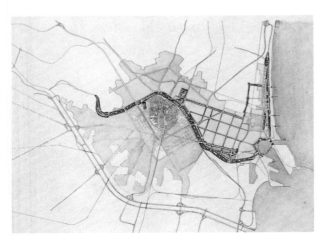

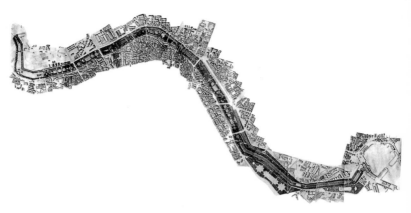

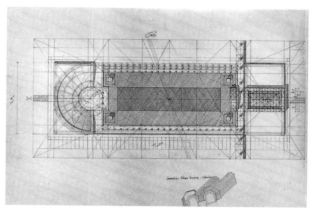

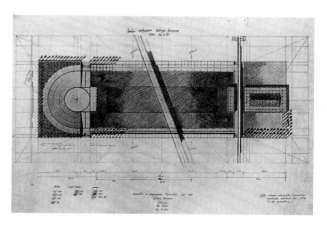

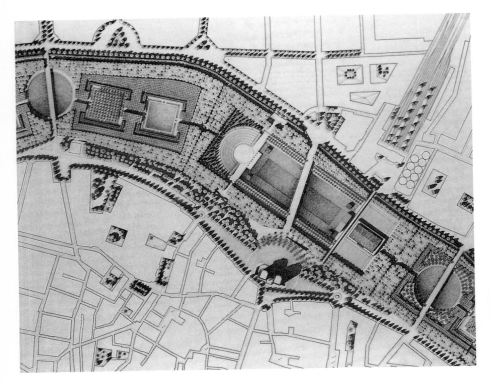

Parque de L'Aigüera, Benidorm (Alicante)
Proyecto, 1984. Realización, 1989

Un crecimiento súbito y desordenado provocado por el turismo transformó Benidorm de un pequeño pueblo de pescadores en uno de los centros turísticos más conocidos y masificados de la costa mediterránea. La ausencia de planificación provocó también graves carencias de infraestructura, realizándose solamente lo más imprescindible. Pasados los años del *boom* turístico, la administración local intenta paliar las deficiencias de la ciudad para aumentar la calidad y la diversificación de la oferta turística. La necesidad de un parque se hace evidente, pero en la ciudad casi no queda terreno disponible. El Ayuntamiento solamente puede utilizar el lecho de un torrente, L'Aigüera, que presenta, de entrada, el problema de la evacuación de aguas durante las avenidas torrenciales de otoño y unas características topográficas tan difíciles que habían logrado mantener el terreno libre de edificaciones. Las condiciones climáticas de la zona aconsejan el uso de especies vegetales propias de la zona: olivo, palmera, pino, ciprés, laurel, etc. El parque está formado por un paseo frondoso en su punto más bajo que lo recorre linealmente, enlazando una sucesión de diferentes espacios públicos. En estos espacios se producen las inflexiones necesarias en el trazado del parque y es donde se encuentran los principales equipamientos. El recorrido comienza, en su punto más cercano al casco antiguo de la ciudad, con una plaza cuadrada, rodeada por una pérgola. La primera articulación está centrada en un pequeño anfiteatro al aire libre, con capacidad para unas 300 personas. El segundo punto de articulación es otro anfiteatro-jardín que puede habilitarse para unas 3.000 personas y destinado a espectáculos masivos. El parque discurre bajo el nuevo puente que sostiene la carretera nacional y se dirige hacia la plaza de toros, actualmente en desuso y objeto de diferentes estudios de reutilización. El parque termina en un estanque que regula el sistema de aguas.

De l'Aigüera park, Benidorm (Alicante, Spain)
Project, 1984. Execution, 1989

The rapid, uncontrolled growth provoked by tourism transformed Benidorm from a small fishing village into one of the most widely known and densely built-up tourist centres on the Mediterranean coast. At the same time, the absence of planning resulted in acute infrastructural deficiencies, with only the most essential services being provided. With the passing away of the boom years of mass tourism, the local authority set out to tackle some of the town's deficiencies in order to improve the quality of the facilities on offer. There was an evident need for a park, but virtually no undeveloped land on which to site it. The only land at the disposal of the Town Council was the bed of a seasonal water course, the Aigüera, which immediately posed the problem of the evacuation of water during the torrential floods of autumn, together with the exceptionally difficult topographical characteristics that had kept the site free of building in the past. The region's climatic conditions favoured the use of native plant species: olive, palm, pine, cypress, laurel, etc. The park is configured by a leafy walkway, which runs through it at its lowest level, linking together a succession of different public spaces. The necessary inflections in the linear course of the park occur at these points, where the main services and facilities are also to be found. Starting at the point closest to the old town centre, the itinerary begins with a square plaza, bounded by a pergola. The first articulation is centred on a small open-air amphitheatre, with capacity for 300 people. The second point of inflection is another garden-amphitheatre which can be adapted to accomodate grand spectacles, with room for up to 3,000 people. The park then runs beneath the new bridge carrying the main national road, continuing in the direction of the bullring, now disused and the object of various studies for change of use. The park concludes at the ornamental pool which regulates the water system.

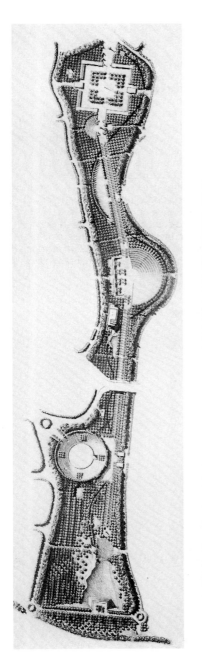

Jardín de esculturas, Jerusalén
Proyecto, 1989

Encargo de la Fundación Jerusalén en un terreno municipal situado en el barrio de Talbujch. El parque se sitúa en un eje verde que va desde el Teatro de Jerusalén hasta la antigua estación cruzando los parques de la Rosa y de la Campana de la Libertad, además del nuevo jardín de esculturas. El parque debe acoger doce esculturas, procedentes de los doce estados de la Comunidad Europea que simbolizan también las doce tribus de Israel. El jardín adopta forma de teatro para dar una imagen unitaria que ponga en relación a todas las esculturas. Dentro del teatro, una espiral va definiendo sucesivas terrazas donde están situadas las esculturas, respetando la pendiente natural del terreno.

Sculpture garden, Jerusalem
Project, 1989

A commission from the Jerusalem Foundation for a municipal site in the Talbujch district. The park is situated on a landscaped axis which runs from the Theatre of Jerusalem to the old station, crossing the parks of the Rose and the Liberty Bell, in addition to the new sculpture garden. The park was to accomodate twelve sculptures, one from each of the states of the European Community, and also symbolizing the twelve tribes of Israel. The garden adopts the form of a theatre in order to create a unitary image which will bring all the sculptures into relation with each other. Inside the theatre, a spiral form gives definition to the sequence of terraces on which the sculptures stand, respecting the natural slope of the terrain.

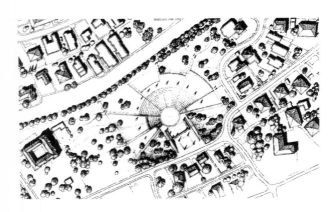

Parque Riouxa, Vigo (Pontevedra)
Proyecto, 1990. Realización, 1991

Intervención para la transformación de 50.000 m² de terreno de una antigua explotación agrícola en un parque cercano a la ciudad, con una espectacular vista sobre la ría. El parque se diseña a base de elementos geométricos que se adaptan a la vegetación existente. Cerca de la entrada se crea un parking cubierto por una pérgola.

Riouxa parc, Vigo (Pontevedra, Spain)
Project, 1990. Execution, 1991

An intervention directed at transforming 50,000 m² (59,808 sq. yards) of land formerly used for farming into a park within easy reach of the city, with a spectacular view out over the estuary. The park was designed on the basis of geometrical elements which have been adapted to the existing vegetation. There is a covered car park with a pergola near the entrance.

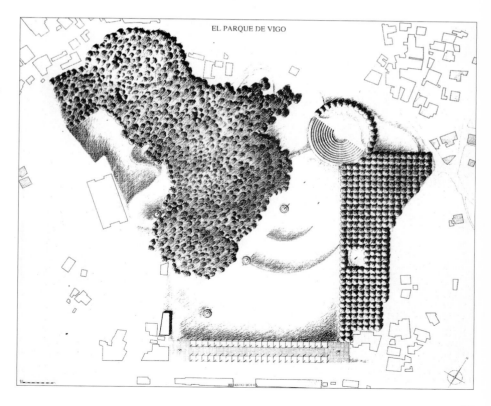

EL PARQUE DE VIGO

El espacio público: Edificios

The public space: Buildings

El diálogo entre el concepto de espacio público y la necesidad de recintos privados que Bofill establece en la totalidad de sus construciones se manifiesta de forma especialmente clara en los edificios destinados a usos públicos. Cada edificio, aparte de la integración en el lugar donde se sitúa, pretende crear una imagen propia normalmente muy potente. Las formas exteriores de este tipo de edificios suelen estar dotadas de un contenido altamente simbólico, generalmente de carácter monumental. Es indiscutible en el caso de los edificios religiosos, pero también en los políticos, como el parlamento regional del Languedoc-Roussillon, o incluso en los culturales. La imagen simbólica exterior, que contribuye a crear lo que Richard Meier define como *imagen de lugar*, no debe condicionar el ambiente de encuentro y comunicación entre la gente que accede al interior del edificio. El profundo convencimiento de la necesidad de diálogo entre la gente como elemento impulsor de cultura y tolerancia ha presidido el diseño de todos los proyectos de edificios públicos en el Taller de Arquitectura. De ahí surgen los amplios vestíbulos, los claustros, las salas hipóstilas que parecen no responder al programa específico de cada construcción. Sin embargo, todo espacio que facilite la reunión y el encuentro potencia el uso a que está destinado cada edificio público.

The dialogue between the concept of public space and the need for private areas which Bofill establishes everywhere in his work is particularly evident in the buildings designed for public uses. Each of these buildings, in addition to its integration into the place it occupies, seeks to create its own, normally very potent, image. The exterior forms of buildings of this kind are generally provided with a highly symbolic content, frequently monumental in character. This is undeniably so in the case of religious buildings, but it is no less true of political buildings such as the regional parliament in Languedoc-Roussillon, or even of cultural buildings. The symbolic external image, which contributes to the creation of what Richard Meier has defined as *the image of place*, ought not to condition the atmosphere of encounter and communication between the people who come into the interior of the building. A profound conviction of the need for dialogue between people as the mainspring of culture and tolerance informs the design of all of the Taller de Arquitectura's projects for public buildings. This is the source of the spacious vestibules, the cloisters, the hypostile halls which seem not to derive from the specific programme for each construction. Nevertheless, any space that facilitates meeting and encounter contributes to the use for which a public building was designed and built.

Santuario de Meritxell (Andorra)
Proyecto, 1974. Construcción, 1978

Meritxell sanctuary (Andorra)
Project, 1974. Construction, 1978

La antigua capilla de la Virgen del Meritxell, patrona del Principado de Andorra, fue víctima de un incendio durante las fiestas patronales de 1972. El Taller de Arquitectura recibió el encargo de la reconstrucción del santuario, pero evitó hacer un trabajo arqueológico que se hubiera limitado a reponer las piedras caídas en su lugar original. Se construyó un nuevo santuario realizado en base a una reinterpretación de los principios teóricos de la arquitectura románica dentro de un diseño moderno, asumiendo el pasado arquitectónico pirenaico y siendo una excepción en el escenario de degradación progresiva que ha sufrido el Principado, causado por una total ausencia de planificación y ordenamiento constructivo. Todos los elementos de las plantas y las fachadas están relacionados a través de un esquema numérico armónico que se traduce en una severa geometría compositiva. La decoración geométrica acentúa la interdependencia de todo el conjunto en una unidad que asimila y contrasta con las ruinas de las construcciones más antiguas, a través de un sugerente juego de cambio de escala. El santuario construido, cerrado prácticamente durante todo el año, forma parte de un proyecto más ambicioso y nunca realizado que cruzaba el valle y ordenaba y repoblaba el paisaje circundante.

The old chapel of the Virgin of Meritxell, patron saint of the Principality of Andorra, was gutted by fire during celebrations in 1972. The Taller de Arquitectura was commissioned to rebuild the sanctuary, but steered away from the kind of archaeological approach that would have been limited to replacing the fallen stones in their original positions. A new sanctuary was constructed on the basis of a reinterpretation of the theoretical principles of Romanesque architecture within a modern design, acknowledging the architectural heritage of the Pyrenees and seeking to counter the process of prgressive degradation which the Principality has suffered as a consequence of the total lack of planning control and building regulations. All the elements of the floor plans and facades are related by way of a harmonious numerical scheme which is translated into a rigorous compositional geometry. The geometrical decoration accentuates the interdependence of the entire complex in a unity that assimilates and contrasts with the ruins of the older constructions by means of an evocative use of change of scale. As built, the sanctuary, which remains closed virtually all year round, forms part of a more ambitious project, never put into practice, which would have extended across the valley, ordering and repopulating the surrounding countryside.

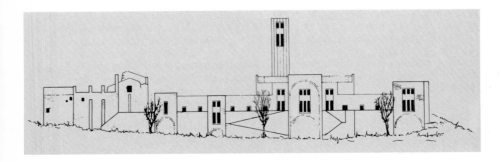

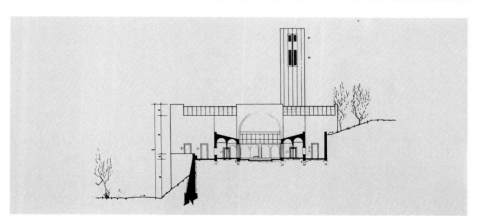

La Pirámide. Monumento a Cataluña, Le Perthus, (Francia)
Proyecto, 1974. Construcción, 1986

La Pirámide. Monument to Catalonia, Le Perthus (France)
Project, 1974. Construction, 1986

El encargo de la planificación de un parque por parte de la Sociedad de Autopistas del Sureste de Francia se presentó de una forma muy poco definida. La agresión que sufría la montaña al ser cruzada por una autopista y la frialdad y nulo atractivo que ofrece este tipo de obra pública hizo pensar en un monumento destinado a dignificar la nueva vía de comunicación, recordar la importancia de los pasos pirenaicos en la historia de Cataluña y resaltar los Pirineos como eje vertebrador del territorio catalán. Las dos primeras propuestas se consideraron demasiado ambiciosas, hasta que se llegó al diseño de la pirámide. Su base es cuadrada, con 100 m de lado y 80 m de altura, levantada a base de las tierras excavadas en el trazado de la autopista, evitando su vertido a otros valles. El jardín que cubre la pirámide crea una falsa perspectiva realzando el templo situado en la cúspide. Las columnas rojas del monumento simbolizan la bandera de Cataluña y evocan la leyenda de los cuatro dedos tintos de sangre que la dibujaron por vez primera. Con la desaparición de las instalaciones fronterizas situadas en su base, el monumento adquirirá su sentido pleno.

The Societé des Autoroutes du Sud-Est de France presented the Taller with an extremely vague, undefined brief for the laying out of a park. The violence suffered by the mountainside as a result of the construction of the motorway, and the cold and unattractive character of this type of public infrastructure suggested a monument designed to dignify the new line of communication, to recall the significance of the Pyrinean passes in the history of Catalonia and focus on the Pyrinees as the backbone of the Catalan territory. The first two versions of the scheme were felt to be too ambitious, and these were succeeded by the pyramid. Square in base, with sides measuring 100 m (333') and a height of 80 m (266'), it was constructed using earth displaced during the building of the motorway. The garden which covers the sides of the pyramid creates a false perspective, drawing attention to the temple on its summit. The red columns of the monument symbolize the Catalan flag and evoke the legend of the four fingers bathed in blood which drew it for the first time. With the disappearance of the border controls situated at its base, the pyramid will acquire its full significance.

Mezquita estatal iraquí, Bagdad
Concurso, 1982. Primer premio

Iraqi state mosque, Baghdad
Competition, 1982. First prize

La construcción del proyecto ha sido pospuesta diversas veces debido a la situación bélica de la zona. Cualquier intento de mezclar aleatoriamente elementos extraídos de los diferentes modelos de mezquita árabes, otomanas y persas hubiera dado como resultado un *pastiche* histórico intrascendente. La historia, sin embargo, debía estar presente en el diseño del edificio. El programa de la mezquita está definido por el mismo Corán, que indica las partes que deben formar el edificio de culto: *mihrab, minbar, sala de oraciones,* patio exterior con estanque para las abluciones y minarete visible desde los cuatro puntos cardinales. Pero nada impide introducir nuevas formas de expresión derivadas de las técnicas constructivas y de los materiales actuales. La referencia arquitectónica tomada es la mezquita de Samarra, como prototipo de mezquita árabe donde la sala de oraciones es una gran sala hipóstila que define una

Construction of the project has been postponed several times because of the wars in which the country has been involved. Any attempt at mixing at random elements drawn from different models of Arab, Ottoman and Persian mosque would have resulted in the most glaring historical *pastiche*. Nevertheless, history had to play a part in the building's design. The programme for the mosque is established in the Koran, which details the parts that should compose the house of prayer: mihrab, minbar, prayer hall, outer courtyard with pool for bathing and minaret visible from the four points of the compass. However, there was nothing to prevent the introduction of new forms of expression derived from present-day construction techniques and materials. The architectonic reference adopted here is to the mosque of Samarra, taken as the prototype of the Arab mosque in which the prayer room is a great

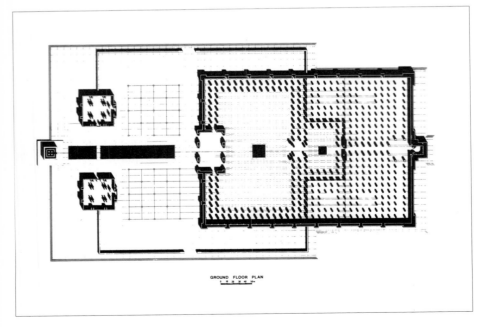

GROUND FLOOR PLAN

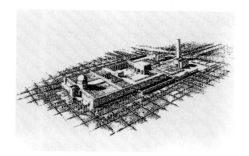

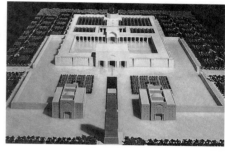

morfología muy plana para el edificio, con una pequeña cúpula sobre el *mihrab*. Dentro de la tradición cultural islámica, se han tenido especialmente en cuenta los elementos vitales: la luz, el agua, la tierra y la vegetación. La alternancia de sol y sombra en patios y espacios cubiertos llega a su punto culminante en la sala de las 300 columnas, iluminada por claraboyas que realzan los volúmenes y definen los espacios. El agua sigue un recorrido del exterior al interior de la mezquita. Nace en el minarete, situado en el eje central de la mezquita, al otro extremo del *mihrab*, sigue por un canal hacia el patio central y hacia la fuente de las abluciones para terminar en un lago detrás del *mihrab*. El equilibrio entre la tierra o espacio construido y la vegetación dispuesta como un jardín geométrico es una alegoría de la jerarquía entre lugares sagrados y naturaleza.

hypostile hall, thus defining a very plane morphology for the building, with a small dome over the mihrab. Within Islamic cultural tradition, a special importance has always attached to the vital elements: light, water, earth and vegetation. The alternation of sun and shade in the courtyards and roofed spaces reaches its pinnacle in the 300-column hall, illuminated by skylights which emphasize the volumes and define the spaces. The water is channelled from the exterior to the interior of the mosque. With its source in the minaret, which stands on the central axis of the mosque, at the far end of the mihrab, it follows a channel to the central courtyard and the fountain for ablutions before culminating in the pool behind the mihrab. The balance between earth or built space and vegetation, laid out in the form of a geometrical garden offers an allegory of the hierarchy between holy places and nature.

Hôtel de la Région Languedoc-Roussillon, Montpellier
Concurso, 1986. Construcción, 1989

Marcando el final del eje de Antigone y ya en la orilla este del Lez, se construyó este edificio administrativo, sede del Gobierno y del Parlamento regional. Como edificio emblemático de la región y final de un importante eje ciudadano, debía tener una forma monumental fácilmente reconocible. Se le dio forma de arco de triunfo recubierto de cristal, de una altura de 50 m, con una abertura central de 12 m. Los dos pilares del arco acogen las circulaciones verticales y diversas oficinas. En la zona del puente se encuentra la gran sala de tres niveles destinada al Parlamento, con un ventanal central. Las dos columnas de la fachada oeste son en realidad tribunas acristaladas que permiten la vista del eje de Antigone y del nuevo eje del río Lez, hacia port Marianne.

Hôtel de la Région Languedoc-Roussillon, Montpellier (France)
Competition, 1986. Construction, 1989

Marking the end of the Antigone axis, having come right to the east bank of the river Lez, this administrative building was constructed as the seat of Government and the regional Parliament. As a building emblematic of the region and the culmination of a major civic axis, it needed to have an easily recognizable monumental form. It was therefore conceived as a glass-clad triumphal arch, 50 m (166') in height, with a central opening of 12 m (40'). The two pillars of the arch house the vertical circulation and various offices. The bridge element accomodates the great hall, laid out on three levels, with a large central window, in which the Parliament sits. The two columns of the west facade are in fact glazed galleries which provide views out over Antigone and the new axis of the river Lez towards Port Marianne.

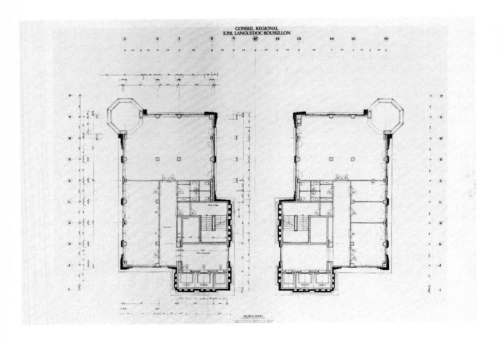

Auditorio del Arsenal, Metz
Concurso, 1985. Construcción, 1989

L'Arsenal auditorium, Metz (France)
Competition, 1985. Construction, 1989

Reforma del arsenal del siglo XIX en la ciudad de Metz, con el fin de convertirlo en la sede de la Orquesta Sinfónica de Lorena. La restauración del edificio, con 10.000 m² de superficie construida, se realizó para albergar una sala de ensayos, sala de audición para música de cámara, restaurante, sala de exposiciones, locales para administración, dirección y servicios del centro y un auditorio para 1.500 espectadores. Una de las alas del edificio, originalmente cuadrado con un patio interior de 30 x 50 m, ha sido suprimida para abrir el patio central a la ciudad, formando una plaza pública y permitiendo una mejor vista de la capilla de los Templarios, que data del siglo XII. La fachada ha sido levemente modificada mediante el aplique de piezas de piedra natural con juntas de metal que subrayan el ritmo de los arcos. Se crearon también nuevos ventanales que alivian la pesantez y la opacidad del antiguo edificio militar. La prin-

A conversion scheme for the 19th century arsenal in the city of Metz, adapting it to provide a home for the Symphony Orchestra of Lorraine. The restoration of the building, with its 10,000 m² (11,961 sq. yards) of built surface, was directed at accomodating a rehearsal hall, a concert hall for chamber music, a restaurant, exhibition gallery, offices for administration, management and centre services and a 1,500-seater auditorium. One wing of the building, originally square with a 30 (100') x 50 m (166') interior courtyard, has been sacrificed in order to open up the central courtyard to the city, forming a public square and giving a better view of the Templars chapel, which dates from the 12th century. The facade has been slightly modified by means of cladding with slabs of natural stone with metal joints which underline the rhythm of the arches. The introduction of big new windows has

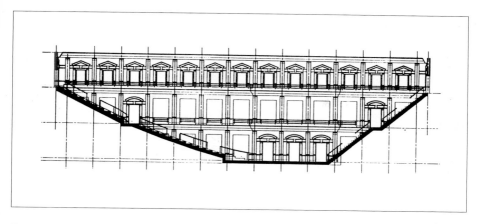

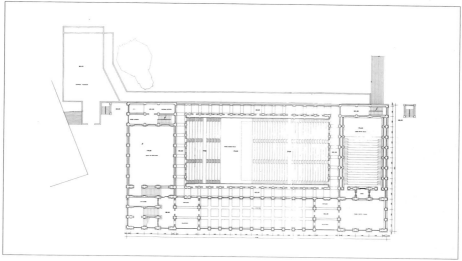

cipal sala de audición es subterránea y está
situada debajo de la plaza central. El techo,
de estructura de madera y cobertura de
acero lacado, es plano. Los problemas de
reverberancia se solucionan gracias al diseño acorde con los minuciosos estudios de
acústica efectuados. La sala dispone de dos
patios de butacas en rampa, uno de ellos
más pequeño y en fuerte pendiente que
puede ser ocupado eventualmente por los
coros.
La orquesta se sitúa entre los dos patios de
butacas, en el nivel más bajo de la sala de
audición.

lightened the heavy, opaque solidity of the
old military building. The main auditorium is
underground, situated beneath the central
square. The roof, with its wooden structure
covered with anodized steel, is flat. The
problems of reverberation were resolved by
means of a design based on detailed
studies of acoustic performance. The hall
has two ramped seating areas; the smaller,
with a pronounced incline, can be used to
accomodate the choir when necessary.
The orchestra pit is located between these
two seating areas, on the lowest level
of the auditorium.

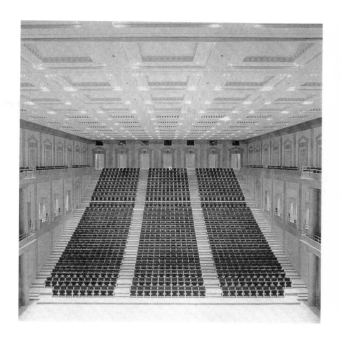

Escuela de música Shepherd.
University, Houston
Proyecto, 1988. Construcción, 1991

Shepherd School of Music. Rice
University, Houston
Project, 1988. Construction, 1991

Esta escuela de música cierra el campus de la Universidad de Rice, iniciado en el siglo XIX y en el que también han intervenido James Stirling y Cesar Pelli. El programa contempla la creación de un bloque administrativo, aulas, salas de ensayo, un estudio para un gran órgano y un auditorio para 1.000 espectadores. Las diferentes construcciones están agrupadas alrededor de varios patios interiores, a modo de claustros, formando un conjunto que da la impresión de un solo edificio. La construcción en ladrillo rojo y un vocabulario arquitectónico clásico simplificado enlaza con la tradición americana y con la propia arquitectura de esta universidad tejana.

This music school completes the campus of Rice University, construction of which began in the 19th century, and to which James Stirling and Cesar Pelli have also contributed. The programme comprises the construction of an administrative block, classrooms, rehearsal rooms, a studio for a large organ and an auditorium for 1,000 spectators. The different constructions are grouped around a number of interior courtyards, in the style of cloisters, composing a complex which gives the impression of being a single building. The construction in red brick and the simplified classicism of the architectonic vocabulary are in keeping with American traditions and with other examples of the architecture of this Texan university.

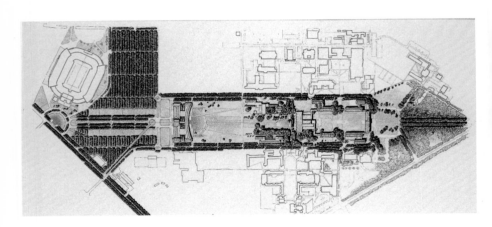

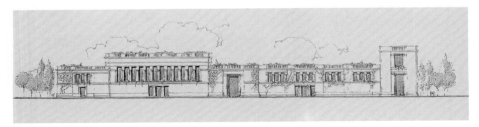

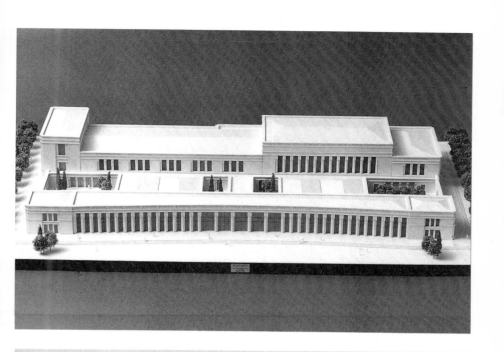

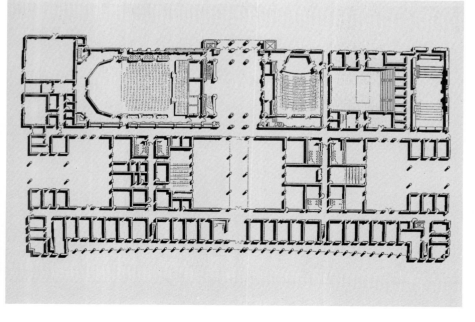

103

Área de servicio des Volcans, Clermont-Ferrand
Proyecto, 1988. Construcción, 1991

Aire des Volcans service area, Clermont-Ferrand (France)
Project, 1988. Construction, 1991

Como en el caso de la pirámide de Le Perthus, en un proyecto de área de reposo y servicio de una autopista, poco puede hacerse para disimular tantos kilómetros de asfalto. La intervención, por tanto, no puede pecar de discreción sino que tiene que ser fuerte y decidida. Como una referencia hacia las formas naturales de la próxima cordillera de Les Puys, con sus cráteres, se diseñan varios espacios circulares rodeados por dunas que aíslan los direrentes equipamientos y servicios del ruido de la autopista. El ajardinamiento de la zona y la originalidad del diseño, en estrecha relación con el paisaje, deben propiciar el descanso del automovilista en un conjunto amplio y espacioso.

As in the case of the pyramid at Le Perthus, there was little that could be done in this project for a motorway rest and services area to disguise the presence of so many kilometres of asphalt. As a result, the scheme could not afford to be too discreet, but had to be strong and uncompromising. By way of reference to the natural forms of the nearby mountain range of Les Puys, with their volcanic craters, the project includes a number of circular spaces ringed by dunes which insulate the various facilities and services from the noise of the motorway. The landscaping of the zone and the originality of the design, closely related to its natural surroundings, seek to provide an opportunity for the motorist to relax in a spacious, attractive setting.

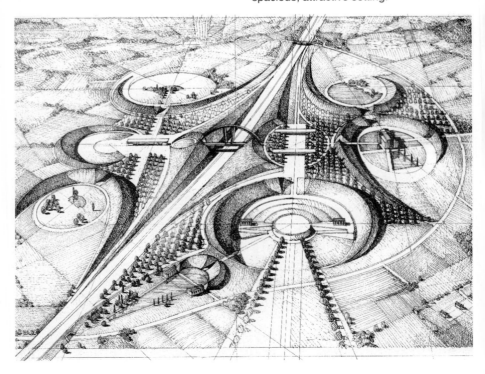

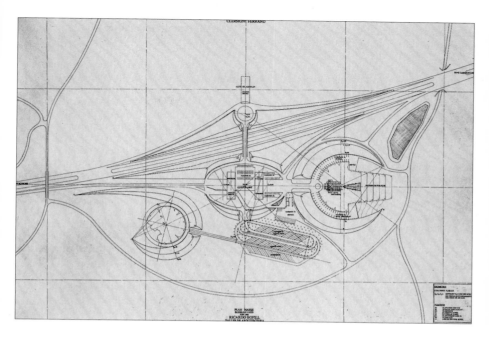

107

Hotel Miramar, Barcelona
Concurso, 1987. Primer premio

Miramar hotel, Barcelona
Competition, 1987. First prize

Hotel de lujo situado en la montaña de Montjuïc, sobre el puerto de Barcelona. El programa, además de un mediano número de habitaciones, aparcamiento, restaurante, auditorio y salas de reunión, requería la restauración del edificio levantado en 1929 como restaurante para la Exposición Internacional y que posteriormente fue convertido en uno de los primeros estudios de televisión. Del edificio original se mantenía la fachada y también la misma altura para el resto de nueva edificación, lo que permitía solamente cuatro niveles aparte de los sótanos. Los dos cuerpos del edificio formaban sendos patios: uno orientado hacia el mar, con una piscina central, de carácter más lúdico y otro, de carácter más ciudadano, orientado hacia el parque de Montjuïc, con la entrada para los vehículos. La arquitectura de hormigón y cristal era de diseño clásico voluntariamente ecléctico, coherente con el carácter «noucentista» de los edificios de Montjuïc y con el eclecticismo que caracteriza gran parte de los edificios de la ciudad.

A luxury hotel situated on the mountain of Montjuïc, overlooking the port of Barcelona. In addition to the standard number of rooms, car park, restaurant, auditorium and conference rooms, the programme also called for the restoration of the building constructed in 1929 as the restaurant for the International Exposition and subsequently converted into one of the country's first television studios. Of the original building, the facade has been conserved, and the height applied to the rest of the new construction, giving a total of four levels, excluding basements. The two volumes of the building generate different courtyards: the one which faces towards the sea, with a swimming pool in the middle, has more of a recreational character, while the other, facing in the direction of Montjuïc park, has the vehicle entrance. The classical design of this architecture in glass and concrete was intentionally eclectic, concordant with the "noucentista" character of the buildings on Montjuïc and the eclecticism that characterizes a large part of the city's architecture.

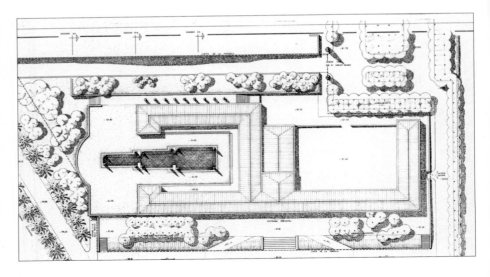

Sección, patio de la piscina, fachada principal y patio de Montjuïc.

Section, swimming pool courtyard, main facade and Montjuïc courtyard.

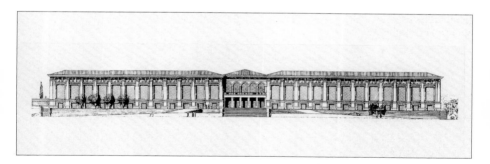

Museo en Pedralbes, Barcelona
Proyecto, 1988. Construcción, 1990

Museum in Pedralbes, Barcelona
Project, 1988. Construction, 1990

Adaptación de algunas salas de un monasterio gótico en salas de exposición de una conocida colección de pintura. La sala principal destinada a museo es el antiguo dormitorio de las profesas, con un techo sostenido por grandes arcos ojivados. Los arcos habían sido tapados parcialmente por un artesonado renacentista que fue, entre otros, el motivo de una importante polémica sobre la oportunidad de conservarlo en su lugar de origen o de trasladarlo a un edificio más acorde con su estilo. Se eliminaron los tabiques de reciente construcción y volvió a acondicionarse el falso suelo para las conducciones de aire acondicionado, electricidad, etc. La «Sala de la reina» actúa como antecámara de la sala de exposiciones, a la que se accede desde el claustro. Otros equipamientos se reparten en antiguas dependencias del monasterio que sigue siendo el lugar de trabajo y residencia de un grupo de profesas.

The adaptation of some of the rooms of a Gothic monastery to serve for the exhibition of a well-known collection of paintings. The main room to be used as a gallery is the former dormitory of the postulants, with its roof supported by great ogival arches. These arches had been partially covered over by a Renaissance panelled ceiling which was, amongst other factors, the source of controversy as to whether or not it should be to conserved in its original location or moved to some other building more in harmony with its style. The partition walls of recent construction were eliminated, and the false floor was replaced after the fitting of air conditioning, electrical services, and so on. The "Queen's room" became the antechamber of the exhibition gallery, with access by way of the cloister. Other facilities were accomodated in different spaces formerly used by the monastery, in which a group of nuns still live and work.

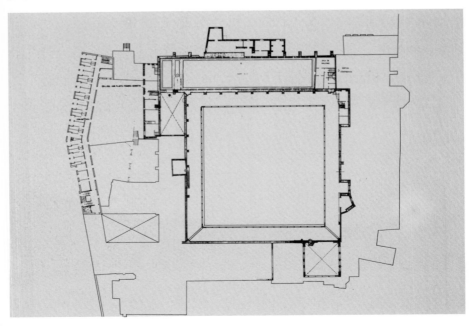

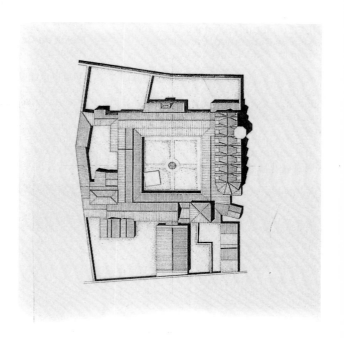

INEFC (Institut Nacional d'Educació Física de Catalunya), Barcelona
Proyecto, 1985. Construcción, 1990

INEFC (Institut Nacional d'Educació Física de Catalunya), Barcelona
Project, 1985. Construction, 1990

Edificio de la Universidad de Barcelona destinado a la formación de profesores de educación física e incluido en el Anillo Olímpico de Montjuïc. El fallo del concurso convocado para el conjunto de instalaciones olímpicas adjudicó el INEFC al equipo de Bofill, dentro del plan general elaborado por Correa, Milà, Margarit y Buxadé. Después

A building belonging to the University of Barcelona for the training of physical education teachers, located within the Olympic Ring on Montjuïc. The outcome of the design competition held for the various Olympic facilities resulted in the brief for the INEFC being awarded to Bofill's team, within the general plan drawn up by Correa,

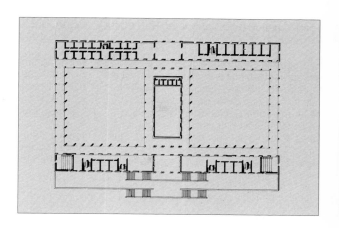

de varios cambios de emplazamiento y de programa fue finalmente construido en el extremo oeste del Anillo Olímpico. El edificio tiene una imagen noble y austera acorde con su carácter universitario y con el particular estilo «noucentista» predominante en la montaña de Montjuïc. La planta es rectangular, compuesta por dos cuadrados que enmarcan las dos principales pistas de entreno. Estas dos pistas, que ocupan dos plantas de altura, están rodeadas por sendas columnatas inspiradas en la tipología universitaria, como si se tratara de un claustro. La sala que separa los dos claustros es el punto principal de reunión y de actividades sociales. En los lados norte y sur de los claustros se levantan los vestuarios y las aulas, distribuidos en dos niveles. En la planta inferior de la sala se encuentran el auditorio, bar y restaurante. Por la puerta de la fachada sur y a través de una escalinata exterior se accede a los campos de deporte.

Milà, Margarit and Buxadé. After a number of changes of site and programme, it was finally constructed on the western edge of the Olympic Ring. The building is austere and noble in appearance, befitting a university building and in keeping with the particular "noucentista" style which predominates on the mountain of Montjuïc. The rectangular plan is composed of two squares which frame the two main training tracks. These two tracks, which are laid out over two storeys, are surrounded by various colonnades inspired by the university typology to create a cloister effect. The hall which separates the two cloisters is the main focus for social activities and for people to meet. The changing rooms and classrooms rise up to north and south of the cloisters, over two floors. The lower floor of the hall accomodates the auditorium, bar and restaurant. Access to the sports fields is by way of the door in the south facade and an external flight of steps.

Teatre Nacional de Catalunya, Barcelona
Proyecto, 1986. Construcción, 1992

Teatre Nacional de Catalunya, Barcelona
Project, 1986. Construction, 1992

El programa comprende, además de la sala de representaciones, una serie de infraestructuras culturales, técnicas y educativas que son las que deben dar vida y razón de ser a un Teatro Nacional. La necesidad de un taller de construcción de decorados, salas de ensayos, sala para teatro de vanguardia y otras instalaciones sugirió la construcción de dos edificios separados.

The programme includes, in addition to the hall for theatrical performances, a series of cultural, technical and educational facilities which are the National Theatre's *raison d'être* and what will bring it to life. The need for a set-building workshop, rehearsal rooms, a space for avant-garde theatre and other facilities suggested the construction of two separate buildings. The main building

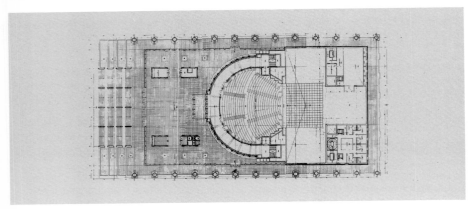

El edificio principal contiene la sala de representaciones, con capacidad para 1.000 plazas, de tipo clásico, y una sala para teatro experimental y de vanguardia, con capacidad para unas 400 personas. La fachada principal de este edificio, totalmente acristalada, presenta una escalinata de acceso que puede ser usada espontáneamente como patio de butacas para espectáculos al aire libre celebrados en la nueva Plaça de les Arts. El edificio se compone de tres espacios: un amplio hall de entrada, la sala para los espectadores y la escena y sus instalaciones. Los tres espacios forman un solo volumen cubierto por un techo metálico y de cristal a dos aguas, de 50 m de luz, que se sostiene sobre dos columnatas de hormigón arquitectónico. Los muros acristalados permiten la visión del hall desde el exterior. El hall está ajardinado y alberga los restaurantes. En la planta inferior se en-

contains the auditorium, with seating for 1,000, classical in treatment, and a smaller, 400-seater hall for experimental and avant-garde theatre. The main facade of this building, entirely glazed, features a flight of steps for access which can be used as impromptu seating for open-air performances in the new Plaça de les Arts. The building is composed of three spaces: a spacious entrance hall, the seating area for the audience and the stage and its services. The three spaces form a single volume under a metal and glass pitched roof with a 50 m (166'). span, supported on two colonnades of architectural concrete. The glazed walls allow a view of the exterior from inside the plant-filled vestibule, which houses the restaurants. The experimental theatre is on the lower floor. The area which accomodates the spectators forms a unitary volume within the great space of the

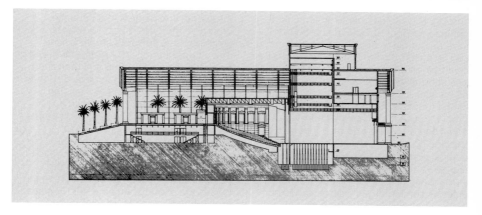

cuentra la sala experimental. La sala para los espectadores forma un volumen unitario dentro de la gran sala del hall, como un edificio dentro de otro. Tiene una pendiente pronunciada para mejorar la visibilidad y su acceso se efectúa por la parte superior. El escenario dispone de tres volúmenes idénticos detrás y a los dos lados que permiten tener preparadas las diferentes escenografías. El telar para los decorados forma una torre visible desde el exterior. El edificio auxiliar está situado transversalmente al edificio principal, junto a su entrada posterior.

vestibule, like one building inside another. It has a pronounced slope for improved visibility, with the entrance in the upper part. The stage has three identical volumes, one to the rear and one to either side, so that different sets can be got ready in advance. The gridiron for the hoisting of sets forms a tower visible from the exterior. The auxiliary building is set transversely to the main building, next to the rear entrance.

Torre de comunicaciones de Collserola, Barcelona
Concurso restringido, 1989

Norman Foster, que construyó la torre, el ingeniero Santiago Calatrava y el equipo Margarit-Buxadé fueron los otros participantes en el concurso restringido para dotar de una torre de Comunicaciones a Barcelona. La torre no es solamente un objeto funcional, eminentemente técnico, sino también un emblema para la ciudad. La dificultad de construcción en la sierra de Collserola y el coste del mantenimiento posterior hizo escoger al Taller un modelo de torre de hormigón blanco pulido construida con un encofrado móvil. Las plataformas se construirían en el suelo para ser elevadas posteriormente. La antena superior se diseñó en acero. La torre consiste en una columna formada por tres cilindros con una proporción de 1 a 8. Las plataformas centrales son un capitel que responde a la abstracción geométrica del capitel corintio. La antena superior es un obelisco triangular que se va reduciendo según la proporción áurea. Las plataformas de soporte de las antenas son metálicas y sustentadas por una estructura ligera. La torre se concibió como un monumento que marca el perfil de la ciudad, un objeto escultural, geométrico y simbólico.

Collserola communications tower, Barcelona
Limited competition, 1989

Norman Foster, who built the tower, the engineer Santiago Calatrava, and the Margarit-Buxadé team were the other entrants in this limited competition to provide Barcelona with a Communications tower. The tower is not merely a functional object, eminently technical, but also an emblem for the city. The difficulty of construction high in the Collserola hills, and the cost of subsequent maintenance, prompted the Taller to opt for a tower of polished white concrete erected using movable shuttering. The platforms would be assembled on the ground and then lifted into place. The upper aerial was designed in steel. The tower consists of a column composed of three cylinders with a proportion of 1 to 8. The central platforms form a capital that is a geometrical abstraction of the Corinthian capital. The upper aerial is a triangular obelisk which progressively tapers according to the golden ratio. The platforms supporting the aerials are of metal, and are held in place by a lightweight structure. The tower is conceived as a monument projecting above the city's skyline, an object at once sculptural, geometrical and symbolic.

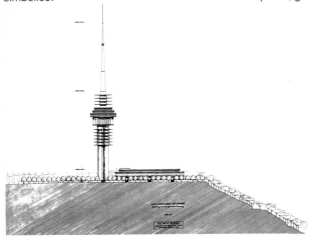

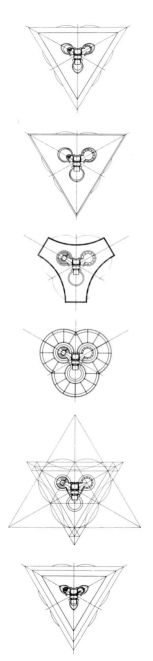

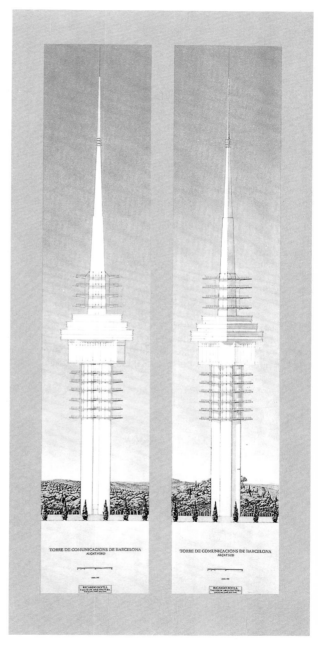

TORRE DE COMUNICACIONS DE BARCELONA
ALÇAT NORD

TORRE DE COMUNICACIONS DE BARCELONA
ALÇAT SUD

RICARDO BOFILL
TALLER DE ARQUITECTURA

RICARDO BOFILL
TALLER DE ARQUITECTURA

Aeropuerto de Barcelona
Proyecto, 1989. Construcción, 1991

Barcelona Airport
Project, 1989. Construction, 1991

El aeropuerto de Barcelona fue objeto de una importante remodelación para pasar de seis millones de pasajeros al año a una cifra de doce millones, doblando también la capacidad de estacionamiento de aeronaves. El proyecto incluyó la instalación de doce pasarelas telescópicas para el embarque directo a los aviones. La solución adoptada tiene en cuenta la configuración del campo de vuelo y en concreto de la plataforma, estrecha y alargada, que tuvo que ampliarse. El edificio terminal se diseñó en línea, aprovechando gran parte de la estructura existente, con cuatro muelles modulares en forma de triángulo que penetran lo mínimo en la plataforma permitiendo un mejor aprovechamiento de la misma. Esta solución lineal, determinada también por la situación de la terminal de carga y del edificio técnico, se ve reforzada con un elemento que remarca esta linealidad: una calle peatonal elevada que agrupa los elementos modulares, sirve de separación entre los lados tierra y aire y permite una fácil separación entre el pasaje nacional e internacional. El pasaje internacional usará un edificio

Barcelona airport was subjected to a major remodelling operation in order to prepare for the leap in capacity from six million passengers a year to twelve million, with a similar doubling of the capacity for aircraft on the ground. The project included the installation of twelve telescopic gangways for direct boarding from terminal to plane. The solution adopted bears in mind the configuration of the runway and in particular of the apron, which had to be extended. The terminal building was designed with a linear layout, taking maximum advantage of the existing structure, with four modular triangular docking bays whose minimal projection onto the apron allowed this to be used to the fullest advantage. This linear solution, which was also determined by the position of the cargo terminal and the technical building, is reinforced by an element which emphasizes this linearity: an elevated pedestrian mall which groups together the modular elements, serves as the divider between ground side and air side, and makes for easy separation of national and international flights.

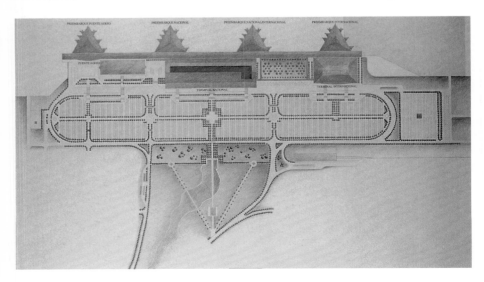

relativamente separado del resto de las instalaciones. Uno de los módulos triangulares se destina en especial al puente aéreo con Madrid. El diseño modular del aeropuerto permitió su remodelación por fases, ya que no podía interrumpirse en ningún momento su funcionamiento. Se realizó una nueva fachada lado aire, que presenta una imagen totalmente acristalada de los módulos de embarque y la calle elevada. Los pasajeros en espera pueden disfrutar del espectáculo del despegue y aterrizaje de los aviones desde una posición privilegiada. Los módulos triangulares disponen de otra sala de espera en la planta baja, destinada a aquellos pasajeros que tengan que embarcar, a través del autobús, en aeronaves situadas en posiciones remotas. La calle elevada, espina dorsal del aeropuerto, es elemento de comunicación entre todas sus instalaciones. Mientras el acceso desde la calle hasta los aviones puede realizarse en un recorrido mínimo, la calle elevada, inspirada en la Rambla de Barcelona, permite a los pasajeros en espera pasear y disfrutar de

International passengers use a building set slightly apart from the rest of the complex. One of the triangular modules has been specifically allocated to the shuttle service to and from Madrid. The airport's modular design allowed it to be remodelled in stages, since it was clearly impossible to close the airport for any length of time. A new air-side facade was constructed to give an entirely glazed aspect to the modules and the elevated mall. Passengers waiting for their flight enjoy a privileged view of the aircraft taking off and landing. The triangular modules also have another waiting lounge on the ground floor for those passengers who will be bussed to board one of the planes stationed at a distance from the terminal. The elevated mall, the backbone of the airport, is the element of communication between all the different facilities. While the access time from street to plane has been reduced to a minimum, the elevated mall, inspired by Barcelona's Ramblas, gives passengers waiting for their flight a place to stroll in and enjoy its various

Sección transversal, planta
techos, planta primera y
planta baja.

Transverse section, plan of roof
level, first floor and ground floor.

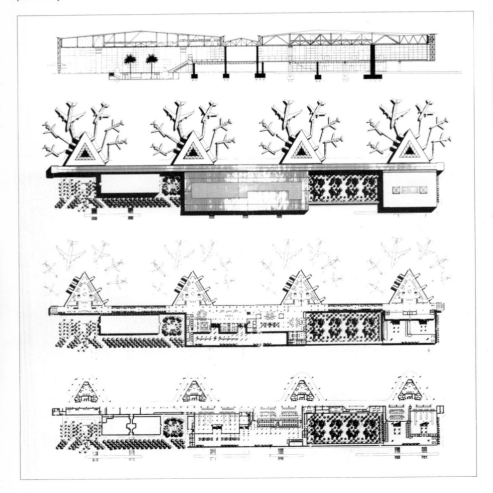

los diferentes ambientes de la misma en sus diferentes tramos. El pasajero tiene el acceso a los edificios terminales a nivel de suelo, con conexión directa al aparcamiento y viales de circulación protegida por grandes cubiertas. La facturación y recogida de equipajes se realiza en la planta baja y la conexión entre plantas se efectúa gracias a escaleras, escaleras mecánicas y ascensores. La rápida evolución de la tecnología aérea provocará nuevas remodelaciones en breve en todos los aeropuertos del mundo, aunque ello no debe minimizar el estudio de su diseño arquitectónico, factor importante para la comodidad de los pasajeros y la imagen de la ciudad.

different settings. Entrance to the terminal buildings is at ground floor level, directly connecting with the car parks and access roads under their great canopies. Check-in and baggage collection are also located on the ground floor, with lifts and escalators for communication between floors. The rapid evolution of air-travel technology will make it necesary for all the world's airports to be remodelled in the near future; however, this should not detract from the importance of detailed study of their architectural design, a crucial factor as far as the comfort of the passengers and the image of the city are concerned.

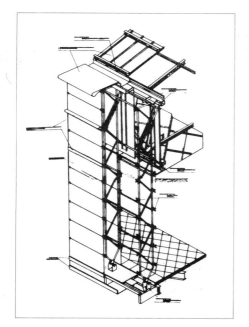

Bibliothèque de France, París
Concurso, 1989

El proyecto de biblioteca está formado por dos edificios cuadrados, a la vez idénticos y diferenciados, unidos por las mismas relaciones geométricas, pero identificables individualmente. Entre los dos edificios se establece un espacio que, como una calle cubierta, sirve de nexo de unión. Este espacio se destina a la entrada y recepción, a la vez que permite escoger entre dirigirse hacia la biblioteca de actualidad, imagen y sonido o bien hacia la biblioteca de estudios e investigaciones y la sala de catálogos. Urbanísticamente, la biblioteca se presenta como una rótula entre las edificaciones existentes y las futuras, proponiendo una nueva alineación para los edificios de la zona situada al Oeste. La calle cubierta central, con su asimetría, marca el punto de articulación de los dos ejes urbanos. Esta integración urbanística realza el valor de la explanada frente a la entrada, siguiendo la tradición de grandes espacios públicos que dan ritmo a la trama urbana que nace junto al Sena. Un obelisco de 80 m de altura incorpora la Biblioteca al grupo de grandes monumentos parisienses.

Bibliothèque de France, Paris
Competition, 1989

The project for the library consists of two square buildings, at once identical and different, bound together by shared geometrical relationships yet individually recognizable. Between the two buildings, a space with the character of an indoor street acts as the element of union. This space serves as entrance and reception, as well as directing the visitor to the news, audio and image library on the one hand or the research library and catalogue room on the other. In urban design terms, the library presents itself as an element of articulation between existing and future buildings, proposing a new alignment for the buildings in the area to the west. The central indoor street, with its asymmetry, marks the point of articulation of the two urban axes. This integration in urban design terms reinforces the value of the esplanade opposite the entrance, in keeping with the tradition of great public spaces which set the rhythm of this sector of the city, which starts by the Seine. An obelisk 80 m (266') high establishes the Bibliothèque's place as one of the great Paris monuments.

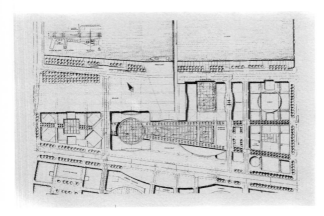

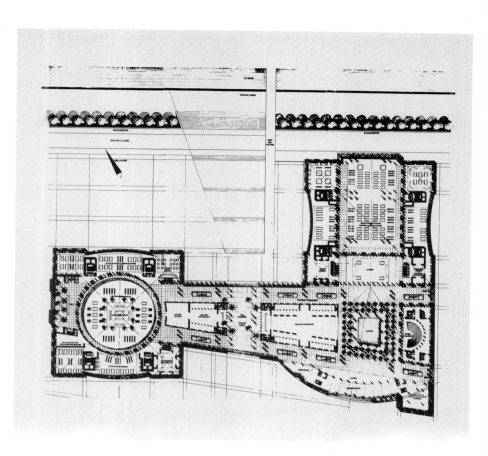

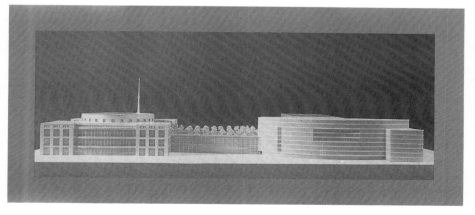

125

Palacio Municipal de Congresos, Madrid
Proyecto, 1990

Si bien la amplitud y complejidad del programa hacía recomendable la construcción de distintos volúmenes, la ordenanza del plan parcial permitía una ocupación del 100%, con una limitación en altura, que sugería la construcción de un bloque compacto. Esta aparente contradicción se solucionó con el diseño de un gran «container» que alberga en su interior los pabellones destinados a las diferentes funciones, como una arquitectura dentro de la arquitectura. La trama geométrica de siete metros y medio modula el solar en piezas autónomas, recreando una estructura urbana de calles y plazas en su interior. El edificio queda fraccionado interiormente en cuatro bloques. El más irregular, situado al sur, acoge los servicios de restauración y almacenaje. Dos bloques lineales enmarcan el espacio central y se destinan a oficinas y salas de reunión. La sala de congresos, situada en posición central y ceñida por las cuatro torres de comunicación vertical, proyecta su forma triangular más allá del recubrimiento acristalado de la fachada. La cubierta de la sala principal es accesible y utilizable para fines diversos, convirtiéndose en una plaza elevada central dentro de la composición urbana interior del edificio.

Municipal Conference Centre in Madrid
Project, 1990

While the extent and complexity of the programme prompted the construction of more than one volume, the terms of the area planning guidelines allowed 100% occupation of the site, with a height limit which suggested a single compact building. This apparent contradiction was resolved by the design of a great "container" which houses in its interior the pavilions with their different functions, like an architecture inside an architecture. The seven and a half-metre geometrical grid modulates the site into autonomous units, recreating an urban structure of streets and squares in its interior. The building is divided internally into four blocks. The least regular of these contains the catering services and stores. The two linear blocks which frame the central space are given over to offices and meeting rooms. The conference hall, which occupies a central position, is bounded by four vertical communications towers, and projects its triangular form beyond the glass skin of the facade. The roof of the main hall has been made accessible, serving a variety of different functions and taking the form of an elevated central square within the urban layout of the building's interior.

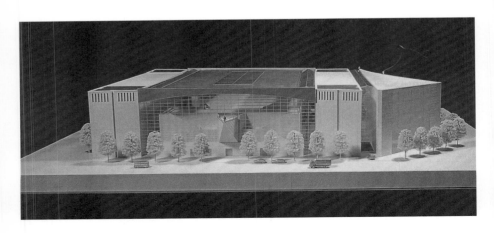

Planta baja, planta primera,
segundo sotano y planta
tercera.

Ground floor, first floor, second
basement and third floor.

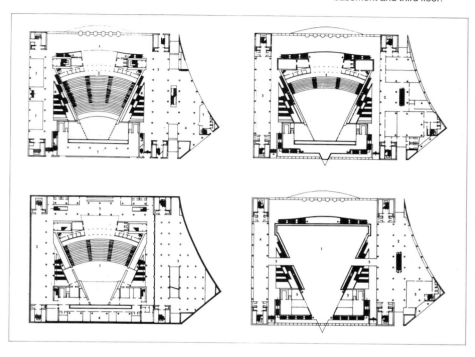

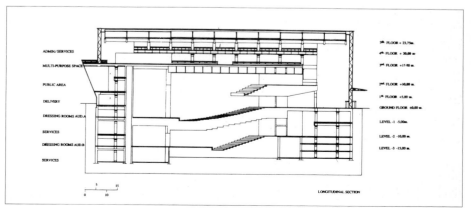

Maison Européenne de l'Espagne, París
Proyecto, 1990

Edificio destinado a centro de comunicación, proyección cultural y económica de España en París, por iniciativa de diversos estamentos públicos españoles. El edificio se sitúa en el eje del nuevo parque André Citroën, en el distrito XV. El complejo programa del edificio obliga a la convivencia en un mismo espacio de un centro cultural de 2.654 m² y un auditorio de 700 m² con oficinas y un centro de negocios. El centro del edificio es un atrio situado en la primera planta, a modo de «planta noble», que define el extremo del eje central del parque. Su forma semicircular enmarca la perspectiva hacia la explanada. Este atrio, al que se accede también por la rue Balard, es la entrada principal a la zona de oficinas, que lo rodean totalmente. Debajo del atrio se sitúa el auditorio, flanqueado por los espacios destinados a exposición. En la parte posterior se sitúa el centro de documentación. La fachada principal del lado del parque es simétrica, con el atrio en el centro y recubierta por una piel de cristal. La fachada de la rue Balard es una ancha curva acristalada, enmarcada por dos fachadas urbanas que se integran en la calle gracias a su ritmo y proporciones.

Maison Européenne de l'Espagne, Paris
Project, 1990

A building commissioned to house a number of Spain's government agencies, providing them with a centre of communications from which to promote the country's cultural and economic interests in Paris. The building is situated on the axis of the new André Citroën park, in the 15th arrondissement. The complex programme required that this single volume accomodate a 2,654 m² (3,174 sq. yard) cultural centre and a 700 m² (837 sq. yard) auditorium, together with offices and a business centre. The central space of the building is an atrium, located on the first floor, after the fashion of a "piano nobile", which defines one end of the central axis of the park, its semicircular form framing the view along the esplanade. This atrium, which is reached from rue Balard, is the main entrance to the suite of offices, which completely surround it. Beneath the atrium is the auditorium, flanked by the exhibition spaces, with the documentation centre to the rear. The facade onto rue Balard is a broad curve of glass, framed by two urban facades whose rhythm and proportions serve to integrate them into the context of the street.

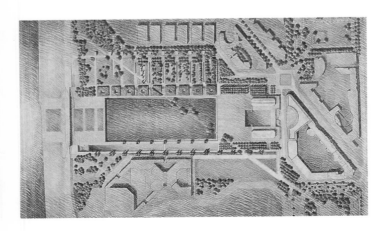

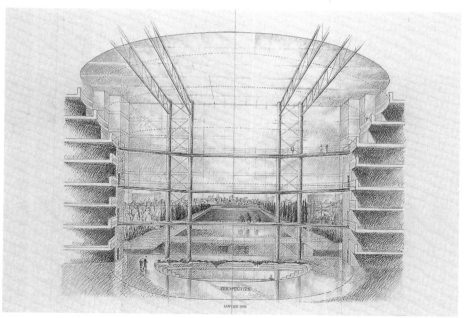

Escuela Superior de Música Reina Sofía. Fundación Isaac Albéniz, Madrid
Proyecto, 1991

Reina Sofía School of Music. Fundación Isaac Albéniz, Madrid
Project, 1991

Los diferentes tipos de actividades, enseñanza, conciertos, residencia, administración y servicios, se distribuyen en dos grandes áreas: una más privada, dedicada a la enseñanza y la residencia, y otra de carácter más público, destinada a conciertos. La organización de los distintos edificios se hace en torno a dos patios interiores separados por el eje central de comunicación. A un lado de los claustros se extiende el edificio residencial y al otro, el edificio destinado a la docencia. Las viviendas de profesores, dirección y conserje se encuentran en los extremos de los patios. El auditorio está situado en la zona más cercana a la calle principal, actuando como fachada urbana de la escuela. Dos vestíbulos contiguos permiten separar las entradas de la escuela del auditorio aunque ambos comparten la misma escalinata. El auditorio es rectangular, con un triángulo en la escena para alojar el coro. El suelo tiene una suave pendiente. El sótano acoge los camerinos, laboratorio electroacústico, salas de músicos y otras instalaciones.

The different types of activity, with spaces for teaching, concerts, staff residence, administration and services, are distributed in two great areas: the more private of the two is for teaching and residence; the other, more public in character, for concerts. The organization of the different buildings takes place around two interior courtyards, separated by the central communications axis. The residential building runs along one side of the cloisters, with the teaching building on the other. The residences for teaching and administrative staff and the caretaker are located at either end of the courtyards. The auditorium is situated in the area nearest the main street, and serves as the school's urban facade. Two vestibules set side by side effectively distribute access to school and auditorium, although they share a single flight of stairs. The auditorium is rectangular, with a triangular stage area to accomodate the choir. The floor is slightly inclined. The basement is occupied by the dressing rooms, electroacoustic laboratory, rooms for musicians and other facilities.

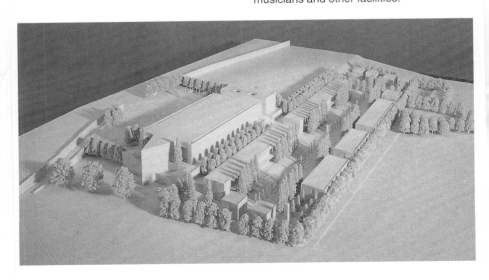

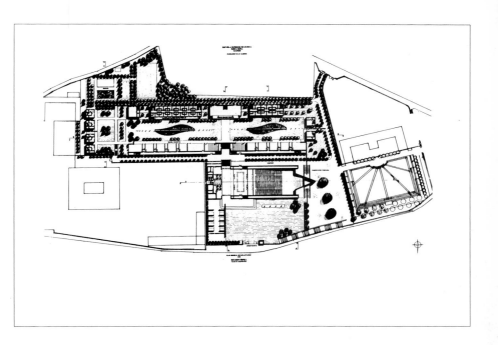

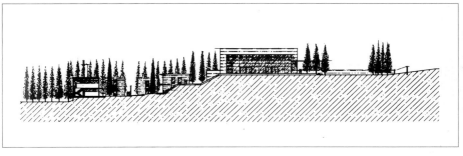

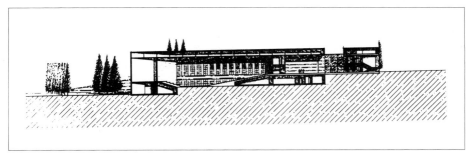

Centro cultural del Mediterráneo, Barcelona
Proyecto, 1990

Edificio para una institución cultural que debe albergar un Museo de Historia Natural y de Historia Cultural, una biblioteca multimedia sobre el Mediterráneo, un Centro de estudios e investigaciones y un Centro de conferencias, con una afluencia anual de visitantes entre dos y tres millones. El edifició tendrá 45.000 m² construidos incluido el aparcamiento. Se configura como una gran plaza pública de 90 x 90 m frente al mar, cubierta por un techo ligero y transparente. En esta plaza se concentrará el espacio destinado a información, pequeños comercios, restaurantes y exposiciones temporales. Alrededor de un atrio conectado con la plaza se sitúan dos niveles subterráneos destinados a salas de exposición. La biblioteca, el centro de estudios y la administración del centro se agrupan en un edificio articulado transparente de 12 pisos de altura, del cual cuelga el techo de la pla-

Mediterranean cultural centre, Barcelona
Project, 1990

A building for a cultural foundation designed to house a Museum of Natural and Cultural History, together with a multimedia library of material on the Mediterranean, a research and study centre and a conference centre, expected to receive between two and three million visitors each year. The building will have a built surface area of 45,000 m² (53.827 sq. yards), including the car park, and will be laid out in the form of a great public square, 90 (300') x 90 (300') m, facing the sea, covered by a lightweight transparent roof. This square will accomodate the information centre, small shops, restaurants and temporary exhibitions. An additional two underground levels of exhibition space will be laid out around an atrium connected to the square. The library, the study centre and the administrative offices are grouped together in a transparent, articulated building 12 storeys high, from which the roof over the

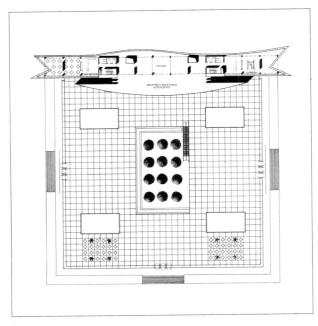

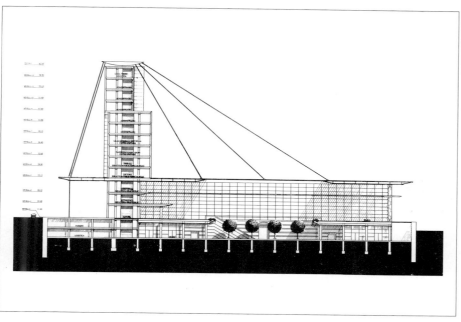

za. El centro de conferencias se sitúa a nivel de la plaza, en un lado del espacio del atrio. La imagen del edificio es de alta tecnología, lleno de luz y de espacio libre, abierto hacia el mar y hacia el público visitante. Su situación junto al mar, en el nacimiento de la Avenida Diagonal de Barcelona, contribuirá al renacimiento de un barrio ocupado anteriormente por industrias. La existencia de un importante equipamiento cultural inserto en un nuevo centro de negocios seguirá la tradición mediterránea de mezcla de usos y funciones en todos los barrios de la ciudad.

square is suspended. The conference centre is located on the same level as the square, on one side of the atrium space. The building creates a high-tech image, full of light and space, open to the sea and the visiting public. Its location by the sea, at one end of Barcelona's Avinguda Diagonal, will contribute to the revitalization of a formerly industrial district. The presence of a major cultural facility integrated into a new business centre is in keeping with Mediterranean traditions in its combination of uses and functions throughout the different areas of the city.

135

Los rascacielos

The skyscrapers

La tipología del rascacielos se desarrolla prácticamente en el Taller de Arquitectura a mediados de los años 80, por primera vez con posibilidades reales de construcción que se materializarían en la década siguiente. Se podría pensar que los rascacielos estaban reñidos con la filosofía del Taller de Arquitectura y que éste acabó cediendo a imperativos comerciales. En realidad, el proceso ha sido exactamente a la inversa: la imagen de un Bofill constructor de grandes y poco elevadas agrupaciones de viviendas sociales para gentes necesitadas impidió, durante un tiempo, que los promotores de oficinas, hoteles y viviendas en grandes torres acudieran al estudio del arquitecto. En cambio, desde los primeros estudios para la ciudad en el espacio, pasando por concursos, proyectos y propuestas a diversos promotores, el Taller estudió y elaboró un sinfín de veces la tipología del rascacielos. Proyectos nunca realizados y que actualmente forman parte del archivo histórico del Taller incluyen propuestas de rascacielos que abarcan desde postulados iniciales paralelos a los de Kahn o del Archigram hasta propuestas clásicas o de alta tecnología. Las primeras torres, construidas naturalmente en Estados Unidos, son una muestra de la nueva dinámica del Taller y de la versatilidad y experiencia en diversos terrenos de todo su equipo.

The Taller de Arquitectura effectively developed their use of the skyscraper typology from the mid-80s on, when for the first time there was a real possibility of such schemes going on site: this possibility was realized during the following decade. It might be thought that the skyscraper was something antithetical to the Taller de Arquitectura's philosophy, to which they eventually surrendered in the face of commercial pressures. In fact, the process was quite the reverse: the image of Bofill as the constructor of large-scale low-rise public sector housing developments for the economically disadvantaged discouraged potential clients from approaching the architect's studio with offers for high-rise offices, hotels or housing until relatively recently. Nevertheless, from the first studies for the city in space, by way of competitions, projects and proposals for various developers, the Taller has been involved in detailed study of the skyscraper typology on countless occasions. Amongst the unbuilt schemes which now form part of the Taller's historical archive there are projects for skyscrapers ranging from basic premises in line with those of Kahn or Archigram through to classical and high-tech schemes. The first of their tower blocks, constructed, naturally, in the United States, demonstrate the Taller's new dynamic and the versatility and experience in a variety of fields possessed by the team as a whole.

Torre Jefferson, Nueva York
Proyecto, 1985

Proyecto encargado por Arthur Drexler, entonces director de la sección de Arquitectura del Museum of Modern Art, para la exposición *Ricardo Bofill y Leon Krier, Arquitectura, Urbanismo e Historia.* Los originales del proyecto están ahora en la colección de arquitectura del MOMA. Suponiendo una base de 30 × 30 m, siete cubos superpuestos deberían dar la altura prevista para la torre: 210 m. El cubo de la base configura una gran entrada, con tres puertas que conducen a un hall de tres niveles de altura. Los cinco cubos intermedios se dividen a su vez en un doble orden de columnas de cristal, mientras que el cubo superior se convierte en un templo que remata el edificio. El diseño de las cuatro fachadas quiere ser un homenaje a la tradición constructiva de Manhattan: racionalista, abstracta, minimalista y decorativa.

Jefferson Tower, New York
Project, 1985

A project commissioned by Arthur Drexler, then head of the Architecture Department of the Museum of Modern Art, for the exhibition *Ricardo Bofill and Leon Krier, Architecture, Urbanism and History.* The oroginal drawings of the scheme are now in the MoMA's architecture collection. Starting with a square base measuring 30 (100') x 30 (100') m, seven superimposed cubes give the tower its envisaged height of 210 m (700'). The base cube configures a great entrance, with three doors leading into a triple-height hall. The five intermediate cubes are divided in turn into a double order of glass columns, while the topmost cube takes the form of a temple, crowning the building. The design of the four facades sets out to pay homage to the Manhattan tradition in construction: rationalist, abstract, minimalist and decorative.

Página siguiente: Planta tipo vivienda, planta tipo oficina, planta tipo hotel y fachada.

Following page: Typical apartment floor plan, typical office floor plan, typical hotel floor plan and facade.

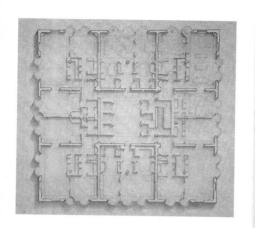

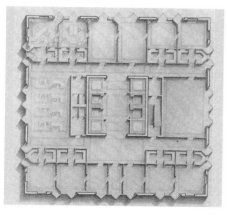

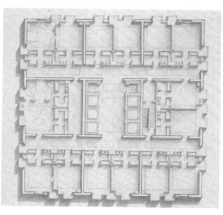

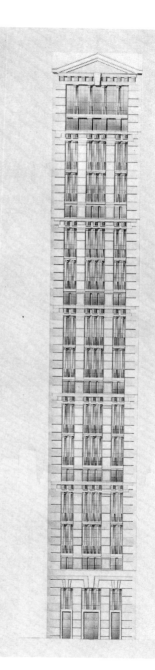

Central Park North, Nueva York
Proyecto, 1988

Central Park North, New York
Project, 1988

Proyecto para la fachada norte de Central Park y barrio de Harlem con la intención de visualizar formal y arquitectónicamente las posibilidades que podía originar el desarrollo de esta zona. La planificación ideal para el desarrollo de Harlem debería seguir las siguientes ideas: consolidación de la fachada del parque, consolidación de las avenidas interiores del parque en dirección al Norte, un diseño controlado de los patios interiores de cada bloque y un nuevo diseño de la zona norte del parque para lograr que se incorpore realmente al barrio. Esta reestructuración del parque comprendería la construcción de un teatro al aire libre, la transformación del estanque Meer y una mayor transparencia desde las calles adyacentes hacia el parque. Como parte integrante del proyecto se diseñaron varios rascacielos destinados a configurar la fachada de Harlem frente al Central Park.

A project for the north side of Central Park and the neighbourhood of Harlem which seeks to visualize, formally and architectonically, the possibilities which the development of this zone might give rise to. The ideal planning approach to the development of Harlem ought to adopt the following ideas: consolidation of the facade onto the park, consolidation of the internal avenues inside the park running northwards, controlled design of the interior courtyards in each block and a new design for the north zone of the park to bring about its true integration into the neighbourhood. This restructuring of the park would include the construction of an open-air theatre, the transformation of Meer pond and a greater transparency from the streets adjoining the park. As an integral part of the project, a number of skyscrapers were designed to compose Harlem's facade onto Central Park.

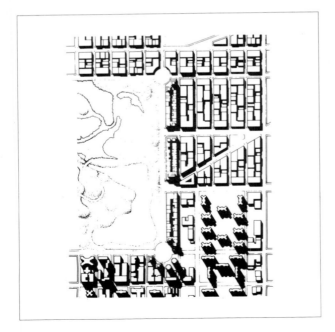

Planta de Frawley Circle.

Plan of Frawley Circle.

77 West Wacker Drive, Chicago.
Proyecto, 1988. Construcción, 1990

En el proyecto de esta torre de oficinas de 50 plantas, se quiso favorecer la posibilidad de una vista panorámica sobre la ciudad, por lo que el cristal predomina claramente en la fachada, evitando al mismo tiempo la fórmula del bloque de vidrio de formas arbitrarias. La existencia de una tradición americana de construcción de rascacielos, con unos ejemplos especialmente atractivos en Chicago, hizo pensar en la necesidad de restablecer un diálogo entre el clasicismo de la piedra y la alta tecnología del cristal. La fachada presenta un diseño de proporciones clásicas que recuerdan las del campanile de Giotto, en la catedral de Florencia, con unas divisiones en varios niveles, unidos entre sí por columnas. Se ha prestado una especial atención a los detalles y al aspecto de la planta baja, cuyo interior tiene función de atrium, mientras las plantas superiores forman un templo de proporciones clásicas en la cubierta. El edificio en su conjunto expresa la voluntad de inscribirse en el trazado urbano existente y marca el *skyline* de Chicago.

77 West Wacker Drive, Chicago
Project, 1988. Construction, 1990

The project for this 50-storey office block sought to favour the possibility of a panoramic view over the city, so that there is an evident predominance of glass on the facade while nevertheless avoiding the formulaic glass tower of arbitrary forms. The existence of the American tradition of skyscraper construction, with some especially attractive examples in Chicago, suggested the need to reestablish a dialogue between the classicism of stone and the high-tech of glass. The facade reveals a design of classical proportions which recalls Giotto's campanile in Florence cathedral, divided into different levels linked together by columns. Particular attention has been devoted to the detailing and the appearance of the ground floor, the interior of which functions as an atrium, while the upper floors form a classically-proportioned temple on the roof. The building as a whole expresses the desire to inscribe itself in the existing urban context and makes its own distinctive contribution to the Chicago skyline.

Página siguiente:
Plantas 4-10 y plantas áticos.

Following page:
Floors 4-10 and attic floors.

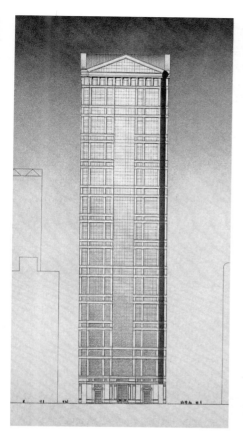

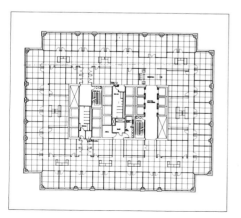

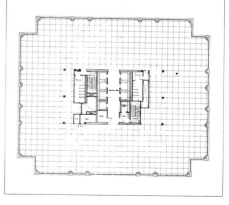

143

Torre Houston Lighting & Power, Houston

Proyecto, 1990. Construcción, 1992

Este rascacielos de 60 pisos, destinado en un 60% a la sede social de una compañía eléctrica y el 40% restante a otras oficinas de alquiler, está situado en la fachada oeste del *downtown* de Houston. Un sistema computerizado de iluminación hace rotar las sombras en la parte más alta del edificio dándole un valor simbólico asociado a la iluminación permanente de la ciudad. La composición del edificio parte del estudio de optimización de la planta-tipo. De ahí surge el doble retranqueo en la esquina que proporciona luz natural al corredor central, tradicionalmente oscuro, y acentúa la verticalidad del edificio. Esta planta-tipo ideal se ha puesto en relación con un sistema general de proporciones que define una torre del tipo *shaft plus top* (cuerpo uniforme y parte superior diferenciada). La parte superior es la más expresiva del edificio, dando a la ciudad una idea de permanencia y solidez en la arquitectura, inusual hasta el momento. Como en la torre de Chicago, los elementos verticales de la fachada reflejan una correspondencia con la estructura interna del edificio. La ventana urbana existente en cada fachada da una máxima posibilidad de vistas y mantiene la unidad de la composición general.

Houston Lighting & Power Building, Houston

Project, 1990. Construction, 1992

This 60-storey skyscraper, 60% of which will be occupied by the head office of an electricity company, with the other 40% as rented offices, stands on the western edge of Houston's downtown. A computerized lighting system creates rotating shadows on the upper part of the building which give it a symbolism clearly associated with the permanent illumination of the city. The building's composition was developed from studies of the optimization of the typical floor plan. This gave rise to the double cutaway on the corner, which lets natural light in to the traditionally dark central corridor and accentuates the verticality of the building. This typical floor plan has been related to the general system of proportions which defines a tower of the shaft plus top type, with a uniform body and differentiated upper part. This top is the most expressive feature of the building, presenting the city with an idea of solidity and permanence in its architecture that has been unusual in the past. As in the Chicago tower block, the vertical elements of the facade reflect a correspondence with the internal structure of the building. The urban window in each facade gives maximal views while maintaining the unity of the general composition.

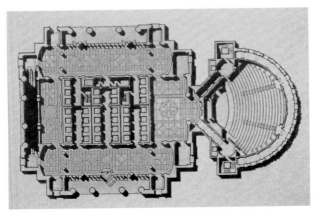

Planta baja.

Ground floor.

Página siguiente: Estudio geométrico, fachada principal, planta tipo y planta ático.

Following page: Geometric study, main facade, typical floor plan and attic floor plan.

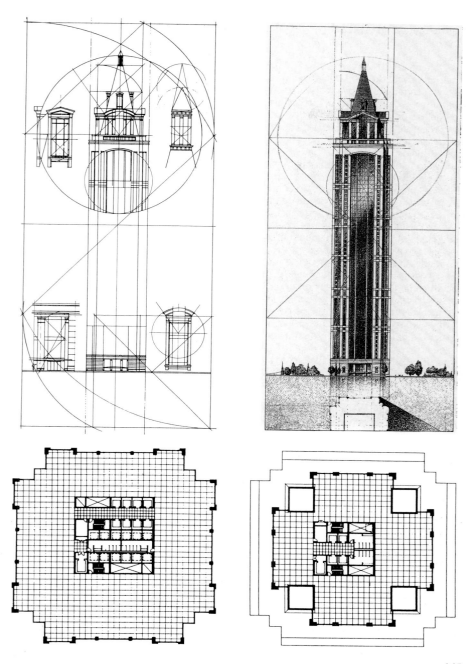

300 North Lasalle, Chicago
Proyecto, 1990

Rascacielos de 60 pisos con 140.000 m²
construidos situado en el *downtown* de Chicago y destinado a sede social de una gran
compañía en los primeros 22 pisos y el resto a oficinas de alquiler. El edificio responde
punto por punto a las necesidades del mercado a la vez que presenta la novedad de
unos espacios muy flexibles, concebidos
como atrios de dos a cinco plantas de altura, que pueden ser usados como expansión
interna o como espacio privado de encuentro y relación para cada una de las compa-
ñías. La voluntad de no incorporar otra
«caja de cristal» en el *skyline* de Chicago
mediante la utilización de un vocabulario
con referencias góticas y venecianas ha
provocado un avance en el estudio de la relación vidrio-sólido con la intención de dotar
de la máxima transparencia y personalidad
a los edificios. La proporción de uno a cinco
permite una mayor esbeltez en los elementos de la fachada, que presenta cuatro
zonas divididas a su vez en grandes ventanas de cuatro pisos. El hecho de haber separado en dos el núcleo de ascensores permite alcanzar una altura que hubiera sido
imposible con una estructura convencional
sin el uso de superpilares o complicados
arriostramientos contra el viento. La parte
más alta del edificio alberga oficinas de di-

300 North Lasalle, Chicago
Project, 1990

A 60-storey skyscraper with 140,000 m²
(167,464 sq. yards) of floor area, designed
to stand in the downtown area of Chicago,
its first 22 floors housing the head office of a
major company, the remainder being rented
office space. The building meets market
requirements point by point, yet at the same
time there is innovation in the great
flexibility of spaces conceived as atriums
ranging from two to five storeys in height;
these can be used for internal expansion or
as private spaces for meeting and contact
by each of the companies. Having chosen
to avoid the addition of yet another "glass
box" to the Chicago skyline, the utilization
of Gothic and Venetian references has
resulted in a step forward in the study of the
glass-solid relationship, with the aim of
giving each building the maximum degree
of transparency and personality. The one-
to-five proportion has given a greater
slenderness to the elements of the facade,
which consists of four zones, each in turn
divided into great four-storey windows. The
splitting in two of the lift core made it
possible to reach a height that would have
been unattainable for a conventional
structure without the use of superpillars or
complicated bracing for wind resistance.
The topmost part of the building contains

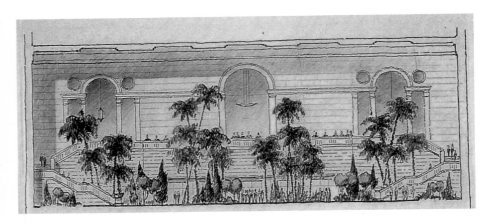

rección servidas por una batería especial de ascensores. En la base, un espacio-galería da sobre la calle y otro espacio tipo invernadero o plaza interior establece la relación de proximidad con el río.

the directors' offices, served by their own special lifts. At the base, a gallery space gives onto the street, while a space like a plant house or interior square establishes a sense of proximity to the river.

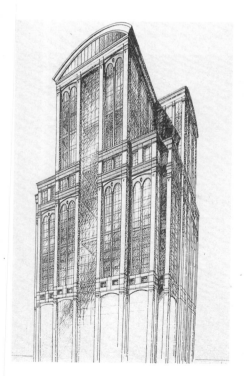

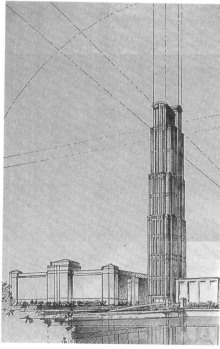

Torres Tennoz, Tokio
Proyecto, 1991

Tennoz Towers, Tokyo
Project, 1991

El proyecto se sitúa en el distrito de Tennoz, cerca de la bahía de Tokio. Consiste en dos torres de 19 pisos destinadas a oficinas unidas por las instalaciones de las circulaciones verticales y los servicios. Cada torre contiene una serie vertical de atrios rodeados por un espacio de oficinas. Las torres están situadas sobre una base de dos pisos que alberga la entrada principal, un museo, restaurantes, comercios y equipamiento cultural. Dos niveles subterráneos contienen parte del museo, aparcamiento y servicios. A pesar de que se trata de un proyecto de espíritu clásico, se usan las tecnologías y materiales más modernos, especialmente en el sistema de muro-cortina de cristal con su interior de cerámica.

The project is situated in the Tennoz district, near the bay of Tokyo. It consists of two 19-storey office tower blocks, linked by the vertical communications core and services. Each tower contains a vertical series of atriums surrounded by office space. The towers stand on a two-storey base which houses the main entrance, a museum, restaurants, shops and cultural amenities. Two underground levels accomodate part of the museum, the car park and services. Despite the fact that the project is classical in spirit, the most modern materials and technologies have been used, especially in the glass curtain wall system with its ceramic interior.

Página siguiente: Ocupación de las plantas inferiores, planta baja, planta tipo y planta áticos.

Following page: Occupation of the lower floors, ground floor, typical floor plan and attics floor plan.

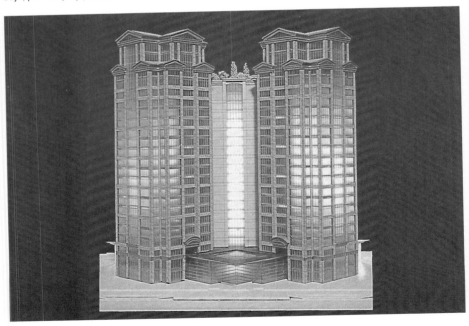

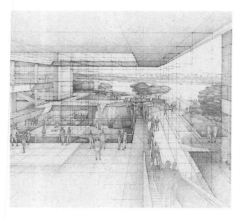
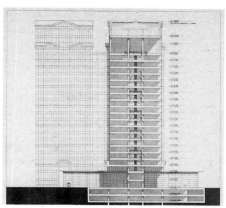

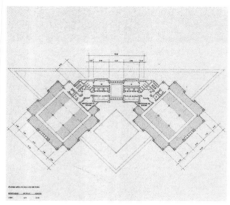

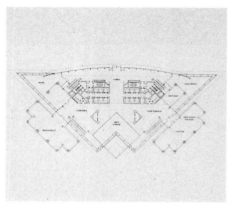

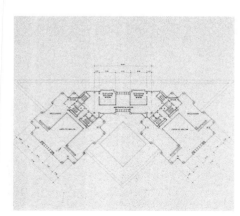

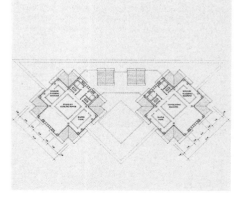

149

Edificios para el trabajo

Buildings for work

Después de la construcción de un laboratorio farmacéutico y de las oficinas del Taller de Arquitectura, el diseño de edificios destinados al trabajo constituyen la manifestación de un punto de inflexión en el estilo del Taller de Arquitectura a finales de los años 80. Manteniendo la validez de las proporciones y de las leyes de armonía clásicas, se introducen progresivamente elementos que, hasta el momento, habían formado parte exclusivamente del vocabulario *high-tech*: el acero y el cristal. El Taller de Arquitectura, experto mundial en la alta tecnología del hormigón arquitectónico y en los sistemas de encofrado y prefabricado, decide investigar en el tema de los muros-cortina de cristal, ya utilizados en las viviendas de Marne-la-Vallée o de Montparnasse, para lograr unas fachadas arquitectónicamente más sugerentes. Los primeros intentos de Les Echelles de la Ville y de Rochas se resuelven con autoridad en el atrio de Swift para llegar a su plenitud en la gran fachada acristalada del aeropuerto de Barcelona. Esta evolución podría interpretarse como un interesante punto de encuentro de las dos tendencias posmodernas, la clásica y la *high-tech*. Pero más que una pirueta de estilo de la que muy pocos arquitectos serían capaces, significa un paso decisivo en el diálogo entre técnica y estilo que Bofill ha establecido desde su primer proyecto.

Subsequent to the construction of a pharmaceutical laboratory and the Taller de Arquitectura's own offices, the design of buildings as places of work constitutes the expression of a point of inflection in the Taller's style in the late 80s. While maintaining the validity of classical proportions and laws of harmony, there was a progressive introduction of elements that had formerly been exclusively associated with the vocabulary of high-tech: steel and glass. The Taller de Arquitectura, with worldwide expertise in the most advanced techniques in the use of architectural concrete, shuttering systems and industrialized building methods, decided to pursue its study of the glass curtain wall, already used in the housing projects for Marne-la-Vallée and Montparnasse, in order to obtain more architectonically suggestive facades. The first attempts, Les Echelles de la Ville and the Rochas offices, were authoritatively resolved in the atrium of the SWIFT building, reaching full maturity in the great glazed facade for Barcelona airport. This evolution might be interpreted as an interesting encounter between the two currents in postmodernism, the classical and the high-tech. However, more than a virtuoso display, a stylistic pirouette such as few other architects could carry off, it represents a decisive step in the dialogue between technique and style that Bofill established in his very first scheme.

Laboratorio Fitoquímico, Lliçà de Vall (Barcelona)

Proyecto, 1966. Construcción, 1967

Edificio situado en el kilómetro 24 de la carretera nacional 152 y destinado a la elaboración de productos químicos. Excelente muestra de la etapa regionalista del Taller, con grandes volúmenes cúbicos suspendidos en el vacío y cuidadoso diseño de detalles. El edificio es de obra vista de ladrillo rojo tradicional y grandes ventanales de cristal. A pesar de ser un único edificio, tiene la apariencia de tres pabellones que se adaptan a la ondulación del terreno. La plantación de diversas especies junto a las fachadas y la apariencia doméstica del edificio facilitó su integración en el entorno rural de la época y ha sido tomada durante decenios por una villa de vacaciones. La progresiva degradación de la zona a causa de una implantación industrial indiscriminada ha dejado a los laboratorios Lafi como una isla verde en un mar de desaguisados.

Phytochemistry Laboratory, Lliçà de Vall (Barcelona)

Project, 1966. Construction, 1967

A building situated at kilometre 24 on National road 152 designed for the manufacture of chemical products, this is an excellent example of the Taller's regionalist period, with large cubic volumes suspended in the void and a great attention to the design of details. The building is of exposed traditional red brick, with large glazed window openings. In spite of being a single building, it has the appearance of being three pavilions which have adapted to the undulating terrain. The different species of plants along the facades and the domestic appearance of the building facilitated its integration into what was a rural setting at the time, and it has been taken to be a holiday villa for decades. The progressive degradation of the area as a result of indiscriminate industrial development has left the Lafi laboratories looking today like a lush green island amid a sea of eyesores.

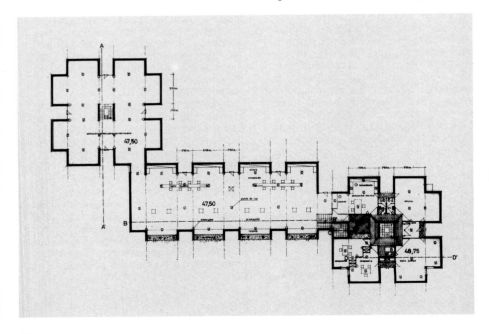

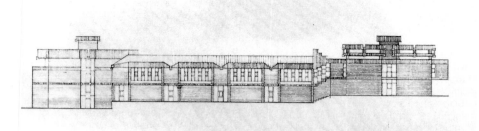

**La Fábrica. Estudio del Taller de Arqui-
tectura. Sant Just Desvern (Barcelona)**
Proyecto, 1973. Construcción, 1975

**La Fábrica. Taller de Arquitectura's
studio, Sant Just Desvern (Barcelona)**
Project, 1973. Construction, 1975

Rehabilitación de parte de una antigua fábrica de cemento, cerrada por la progresiva
inadecuación de su emplazamiento y envejecimiento de sus instalaciones. La fábrica
había iniciado sus actividades a principios
de siglo y no había sido construida unitaria-
mente sino por yuxtaposición de elementos
que se iban añadiendo.
La fábrica, abandonada y semiderruida, era
un compendio de elementos mágicos y su-
rrealistas: escaleras que subían hacia nin-

The rehabilitation of part of an old cement
factory, closed due to the increasing
unsuitability of its location and its antiquated
machinery. The factory started production
at the beginning of the century, and was not
built as a single unified whole but through a
process of addition as the need arose.
The abandoned and half-ruined factory was
a magic box of wonderful, surrealist
elements: stairs that led nowhere, imposing
structures in reinforced concrete supporting

guna parte, potentes estructuras de hormigón armado que no sostenían nada, enormes y pesados elementos de hormigón y hierro que colgaban en el aire, grandes lugares vacíos y de extrañas proporciones que sugerían abstracciones del espacio y de sus límites.

La conversión de la fábrica en estudio se inició con un proceso de destrucción de numerosos elementos y estructuras de la antigua instalación industrial, dejando visibles formas hasta entonces escondidas, como en un trabajo de escultura sobre hormigón. Con los espacios definidos, limpios de cemento y rodeados de un nuevo entorno vegetal, se procedió a la invención de un nue-

nothing, enormous heavy forms in iron and concrete left hanging in midair, huge empty spaces of unlikely proportions suggesting abstractions of space and its limits. The conversion of the factory into a studio began with a process of destruction, demolishing numerous elements and structures of the old industrial plant, revealing previously hidden forms, like a work of sculpture in concrete.

With the spaces defined, cleared of concrete and surrounded by a new landscaped setting, the next step was to invent a new programme for the use of these spaces, in a total practical negation of functionalism: in this case, the function did

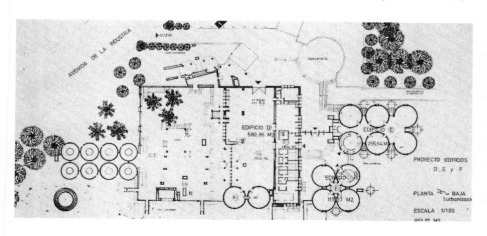

vo programa para el uso de estos espacios, en una total negación práctica del funcionalismo: en este caso, la función no creaba la forma, sino que se demostraba que cualquier espacio podía ser destinado para cualquier uso si el arquitecto era suficientemente ágil. En los espacios resultantes se alojan estudio, oficinas, salas de reunión, archivo, biblioteca, laboratorio fotográfico, viviendas, apartamentos y servicios. Las puertas, ventanas y elementos decorativos hacen una clara referencia a la arquitectura histórica culta, en contraste con lo que se podría llamar vernacularismo industrial de la fábrica original.

not create the form; instead, it has been shown that any space can be allocated whatever use the architect chooses, if he or she is sufficiently skilful. The resulting spaces accomodate a drawing studio, offices, meeting rooms, archive, library, photographic laboratory, housing, apartments and services. The doors, windows and decorative elements are clear references to a cultured, historical architecture, in contrast to what might be described as the industrial vernacular of the original factory.

Bodega Château Lafitte-Rothschild, Pauillac, Burdeos
Proyecto, 1984. Construcción, 1988

Bodega subterránea para el envejecimiento de vino con capacidad para dos mil barriles. Está comunicada a través de un túnel con las demás bodegas subterráneas del castillo. Sobre el techo de la bodega crece la viña, alterando al mínimo el paisaje circundante. El principal problema constructivo residía en la creación de una estructura que permitiera un amplio espacio subterráneo libre de obstáculos para el trabajo de la bodega, pero que también fuera capaz de sostener la importante carga que representa el grosor de dos metros de tierra cultivada en el techo.

La planta es octogonal, inscrita en un cuadrado de 50 m de lado que forma una cripta sostenida por columnas e iluminada por un lucernario central que aparece en el exterior en el centro de una viña. El techo de la bodega está ligeramente inclinado, con vigas de 14 m de largo dirigidas hacia el centro. Alrededor del lugar de almacenamiento de barriles se levanta una galería que permite la visita sin interrumpir el delicado proceso que se desarrolla en su interior. Junto a la bodega se han construido las dependencias destinadas a embotellado, degustación y almacenes.

El diseño de los elementos de la bodega, puertas, columnas, balaustradas, etc. está basado en variaciones sobre la geometría del octágono. La construcción se realizó totalmente en hormigón arquitectónico encofrado *in situ*.

Château Lafitte-Rothschild wine cellars, Pauillac, Bordeaux (France)
Project, 1984. Construction, 1988

Underground wine cellars for the ageing of the vintage, with capacity for two thousand barrels. A tunnel connects it with the rest of the château's underground cellars. Vines grow above the roof of the cellars, and the impact on the surrounding countryside is minimal. The main construction problem lay in the creation of a structure which would provide a large subterranean space free of obstacles to the working of the cellar, but was nevertheless capable of supporting the considerable load represented by a two-metre thickness of cultivated soil bearing down on the roof.

The plan is octagonal, set within a square with a side of 50 metres which forms a crypt held up by columns and lit by a central skylight that emerges above ground in the middle of a vineyard. The roof of the cellars is slightly sloping, with beams 14 m (46') in length radiating from the centre. A gallery running round the space for the storage of barrels allows visits without interrupting the delicate processes taking place in the interior. The premises for bottling, tasting and storage have been constructed alongside the cellars.

The design of the different elements of the wine cellars, such as doors, columns, balustrades and so on, is based on variations on the geometry of the octagon. The construction is entirely of architectural concrete, poured in situ.

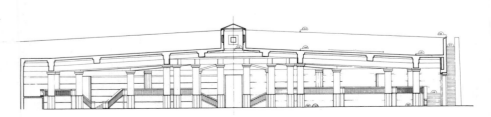

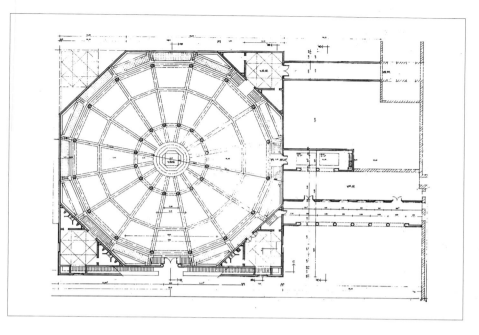

Les Echelles de la Ville, Montpellier
Proyecto, 1985, Construcción, 1989

Les Echelles de la Ville, Montpellier (France)
Project, 1985. Construction, 1989

Edificio de seis plantas destinado a oficinas que cumple una importante función en el diseño urbano de Antigone, ya que debe relacionar a la nueva urbanización con el centro de la ciudad salvando un importante desnivel. Un centro comercial había marcado durante mucho tiempo el límite de la ciudad con un muro ciego que debía abrirse gracias a este proyecto. El elemento que caracteriza el edificio es una escalera monumental doble que conduce hacia la terraza, situada al mismo nivel que la Place de la Comédie. La puerta central conduce hacia los ascensores y escaleras mecánicas, siendo también un importante acceso al centro comercial. Las alas del edificio están ocupadas por oficinas, mientras que el centro tiene una vocación más comercial. En la fachada se superponen los tres órdenes cada dos plantas. Su diseño es una progresión desde una fachada simple con una sucesión de ejes en el nivel más bajo a una fachada de pilastras en los dos siguientes y a una combinación de las dos en las plantas superiores, lo que permite diferentes lecturas usando el mismo vocabulario: La vegetación subraya el movimiento y la composición de la fachada.

A six-storey office building which plays an important part in the urban design of Antigone, in that it has to relate the new development with the city centre while compensating for a marked difference in level. A shopping centre had for a long time defined the city's boundary with a blind wall which was opened up thanks to this project. The element which characterizes the new building is a monumental double flight of steps leading up to the terrace, which lies on the same level as the Place de la Comédie. The central door opens onto the lifts and escalators, which are also important means of access to the shopping centre. The wings of the building are occupied by offices, while the centre has a more commercial character. On the facade, the three orders are superimposed every two floors. The design here is a progression from a simple facade with a succession of axes on the lowest level, to a pilastered facade on the two subsequent levels, and a combination of both on the upper floors, which makes it possible to provide different readings while retaining the same vocabulary. The vegetation emphasizes the movement and the composition of the facade.

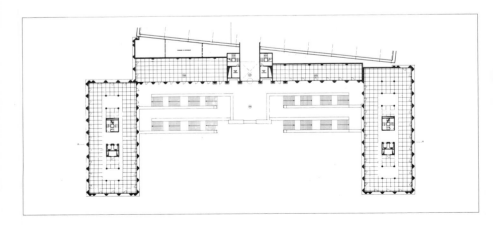

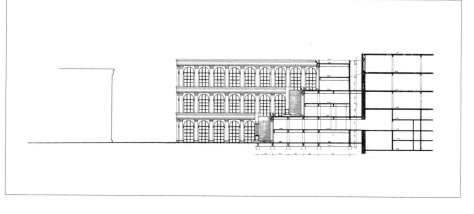

Sede central de la compañía Swift
La Hulpe, Bruselas
Concurso, 1985. Construcción, 1989

Swift headquarters, La Hulpe, Brussels
Competition, 1985. Construction, 1989

Proyecto que marca un punto de inflexión en la evolución estilística del Taller de Arquitectura con la decidida incorporación de elementos de alta tecnología a los diseños clásicos utilizados hasta el momento. Del clasicismo se mantienen los sistemas de composición y las relaciones armónicas entre los diferentes elementos y entre la parte

This project marks a point of inflection in the stylistic evolution of the Taller de Arquitectura, with the conscious incorporation of high-tech elements into the classical designs employed up to then. What has been retained of classicism are the compositional systems and the harmonious relationships between different elements and

y el todo. El estilo y el vocabulario evolucionan a medida que aparecen las nuevas tecnologías constructivas. El edificio Swift, destinado a ampliación de las oficinas de esta compañía, está situado en La Hulpe, en los alrededores de Bruselas, dentro de una amplia finca arbolada con perspectivas abiertas y estanques, y rodeada por pequeños castillos de finales del siglo XIX. El estudio de implantación decidió dejar vacío el centro del parque y situar los nuevos edificios en la periferia, cerca de los viales, en la parte más alta. De este modo se obtuvo, además de una funcionalidad de circulación, una cierta discreción del edificio y una perfecta integración al parque existente,

between the part and the whole. The style and vocabulary evolve in step with the appearance of new building technologies. The Swift building, designed as an extension to the company's offices, is situated in La Hulpe, on the outskirts of Brussels, on a spacious, wooded estate with sweeping views, dotted with ponds and surrounded by small châteaux dating from the end of the 19th century. The study for the siting of the building decided to leave the centre of the park empty, locating the new constructions on the periphery, near the main roads, on the highest part of the estate. In addition to the functional advantages for communications, this means that the

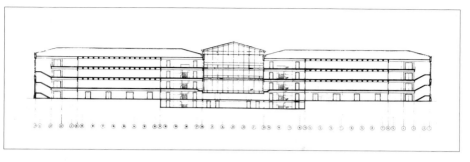

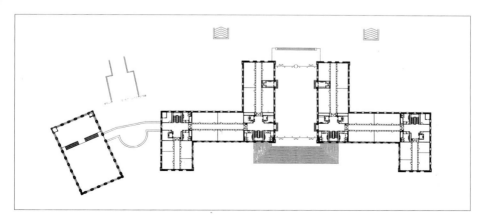

dando la impresión de que el parque hubiera sido diseñado en función del proyecto. También por razones de integración en el lugar, se prefirió dar un desarrollo horizontal al edificio, con tres niveles en superficie y dos en el subsuelo. El conjunto se organiza en dos alas alrededor de un espacio central, que, a modo de atrio, provoca una ruptura en el ritmo de la fachada y crea una estética y una atmósfera mucho más tecnológica que contrasta con el resto del edificio. El restaurante y la cafetería constituyen un pabellón aparte unido al edificio principal por un pasillo-pérgola. En este proyecto se integran, por vez primera, las tecnologías del hormigón y las del acero y cristal en un estudio de composición global. Para la fachada se ha seguido el principio de doble piel prefabricada en hormigón arquitectónico. La fachada interior es portante y la exterior de cerramiento. El hormigón se ha tratado con ácido en el exterior para obtener una textura de piedra natural, mientras que el interior se ha pulido para lograr un parecido al estuco marmóreo. La facha-

building is a discreet presence, integrating well into the existing parkland and giving the impression that the park had been laid out specifically for this project. Again in the interests of full integration into the setting, the preferred option was to give the building a horizontal development, with three floors above ground and two basement levels. The programme is laid out in two wings around a central space which, like an atrium, makes a break in the rhythm of the facade and establishes a much more technological aesthetic and atmosphere, in contrast to the rest of the building. The restaurant and cafeteria occupy a separate pavilion, linked to the main building by a pergola-passageway. This project was the first to incorporate the technologies of concrete and glass and steel together in a single overall composition. The treatment of the facade uses a double skin of precast architectural concrete. The interior facade is load-bearing, the outer facade encloses the building. The concrete has been treated with acid on the exterior to give a natural stone texture, while

da de hormigón se compone de pilastras
wrightianas y grandes ventanales que forman un sistema armónico de diferentes alturas con motivos de escaso relieve. El sistema de proporción se basa en el número
áureo y en √5, tanto en las fachadas como
en los espacios interiores del edificio para
lograr una unidad de composición. El atrio
presenta una estructura de acero que so-
porta un techo transparente y una fachada
de doble vidrio «plannar» completamente li-
sa, colgada de pequeños soportes en acero
inoxidable. Este sistema se desarrolló gracias al entusiasmo del cliente que financió
una campaña de pruebas en laboratorio
para la homologación del procedimiento.
Los interiores se diseñaron en armonía
con el resto del proyecto en las proporciones, en los elementos arquitectónicos y
en el diseño del mobiliario e iluminación,
respetando la unidad de los espacios y reduciendo al mínimo el número de compo-
nentes.

on the interior it has been polished to create
a marbled stucco effect. The concrete
facade is composed of Wrightian pilasters
and great windows which form a harmonious
system of different heights, with motifs in low
relief. The system of proportion is based on
the golden ratio and on √5, both on the
facades and in the building's interior spaces,
to achieve a unity of composition. The atrium
has a steel structure which holds up a
transparent roof and a perfectly smooth
double-glazed "plannar" facade hung from
small stainles steel supports. This system
was developed thanks to the enthusiasm of
the client, who paid for the laboratory testing
of the viability of the process. The interiors
have been designed to be in harmony with
the rest of the project in their proportions,
their architectonic elements and the design
of the furniture and lighting, respecting the
unity of each space within the whole and
reducing the number of components to a
minimum.

Oficinas G.A.N., 44 rue de l'Université y 44 Avenue Robert Schumann, París
Proyecto, 1989. Construcción, 1991

Edificio de oficinas para una compañía de seguros formado por once plantas: tres de sótano, planta baja y siete pisos. El solar está situado entre dos calles, debiendo mantener el patio interior característico de los edificios de la zona para permitir iluminación natural a todas sus dependencias. El edificio adopta en planta una forma de U con el patio en el centro. Los dos brazos de la U son simétricos y agrupan las circulaciones verticales y los servicios por partida doble. Las tres últimas plantas forman, en cada calle, dos torres en retranqueos sucesivos según las especificaciones del Ayuntamiento y concentran las circulaciones verticales en su centro para dejar los espacios de las oficinas en el exterior. Las fachadas a las dos calles también son idénticas, formadas por una doble piel de cristal que dibuja una suave línea convexa y contrasta con la línea cóncava de la planta baja y de los retranqueos de las plantas superiores. La planta baja dispone de dos halls paralelos a la rue de l'Université y a la Avenue Schumann que dan acceso a los núcleos de circulaciones verticales. Éstos encuadran un gran espacio central desarrollado a doble altura entre la planta baja y el primer sótano protegido por un techo de cristal.

G.A.N. offices, 44 rue de l'Université and 44 Avenue Robert Schumann, Paris
Project, 1989. Construction, 1991

An office building for an insurance company laid out over eleven floors: three basements, ground floor and seven upper storeys. The plot is bounded by two streets, and the scheme incorporates the interior courtyard characteristic of the buildings in the area in order to provide all the rooms with daylight. The building has a U-shaped plan, with the courtyard in the centre. The two arms of the U are symmetrical, grouping together the double system of vertical communications and services. The top three floors on each of the two streets form two stepped-back towers, in accordance with local planning regulations, concentrating vertical circulation in the centre so as to leave the office spaces on the exterior. The facades on each of the two streets are also identical, consisting of a double skin of glass which draws a smooth convex line in contrast to the concave line of the ground floor and the setbacks of the upper floors. The ground floor has two entrance halls, parallel to rue de l'Université and Avenue Schumann, which give access to the vertical circulation nuclei. These service cores frame a large, double-height central space, between the ground floor and the first basement level, protected by a glass roof.

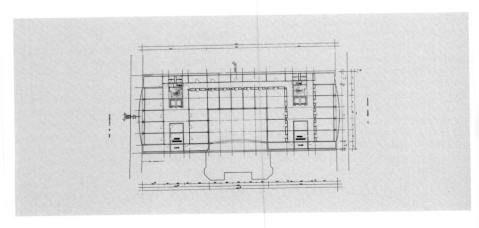

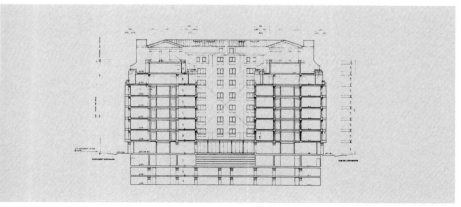

Oficinas S.C.I. Trois Jean, 44 rue Ybry, París
Proyecto, 1988, Construcción, 1991

Este edificio se inscribe en la tradición parisiense de los edificios en esquina, manifestando un tratamiento simbólico y claro del ángulo como lugar estratégico de intervención urbana y arquitectónica. La torre de cristal situada en el ángulo relaciona las dos fachadas principales en el exterior y, en el interior, constituye un espacio excepcional en la articulación de las dos alas del edificio, permitiendo su utilización como hall de entrada, despacho de prestigio o sala de reunión. El ángulo interior acoge una gran escalera circular. El ascensor está en el hueco central de la escalera. La fachada se comporta como un lugar intermedio entre el espacio público exterior y el espacio privado de las oficinas, permitiendo una total integración del edificio en la vida de la calle y a la escala del usuario.

S.C.I. Trois Jean offices, 44 rue Ybry, Paris
Project, 1988. Construction, 1991

This building takes its place within the Parisian tradition of corner blocks, offering a clear, symbolic treatment of the corner as a strategic point in terms of architecture and urban design. The glass tower which occupies the angle relates the two main facades on the exterior and, in the interior, constitutes an exceptional space in the articulation of the two wings of the building, making it the ideal location for entrance hall, prestige offices or meeting rooms. The inner part of the angle accomodates a great circular spiral staircase, with the lift in the central well of this staircase. The facade mediates between the public exterior space and the private space of the offices, making for the building's total integration into the life of the street and the human scale of its users.

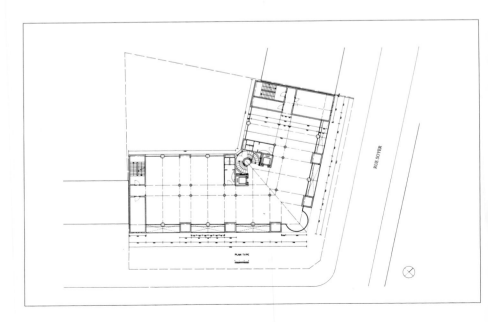

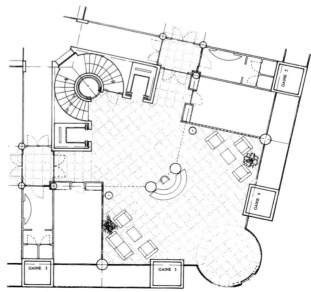

Marché Saint-Honoré, París
Proyecto, 1987. Construcción, 1992

Marché Saint-Honoré, Paris
Project, 1987. Construction, 1992

Durante muchos años, la plaza de Saint-Honoré había sido ocupada por un edificio de aparcamientos de varios pisos de altura. La intención de reconvertir la plaza supuso la demolición del aparcamiento y la construcción de un edificio transparente de cinco plantas que alberga oficinas, comercios, aparcamiento y un parque de bomberos. También se remodeló la plaza con una nueva pavimentación. El edificio comercial recupera el eje de la calle a través de un atrio que cruza el edificio longitudinalmente como una calle peatonal.

For many years the Saint-Honoré square was occupied by a multi-storey car park. The decision to revitalize the square resulted in the demolition of the car park and the construction of a transparent, five-storey building accomodating offices, shops, a car park and a fire station. At the same time, the square was remodelled and repaved. The commercial building effectively recovers the existing street axis by means of an atrium which runs longitudinally the entire length of the building like a pedestrian street.

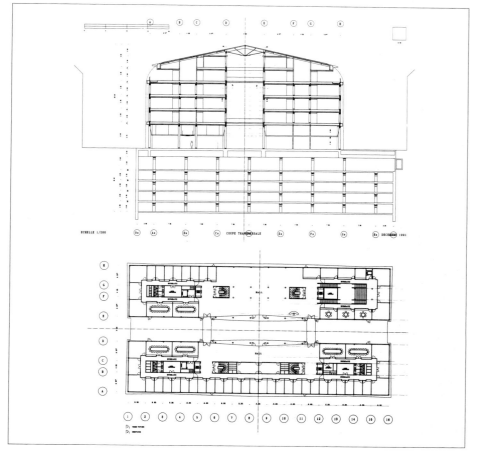

ECHELLE 1/200   COUPE TRANSVERSALE   DÉCEMBRE 1991

173

Oficinas Rochas, París
Proyecto, 1988. Construcción, 1989

Rochas offices, Paris
Project, 1988. Construction, 1989

El nuevo edificio de la casa de moda y perfumes Rochas rompió, en los años 50, la discreta continuidad de las fachadas de la calle François I. El proyecto de cambio de fachada, sin caer en un *pastiche* histórico para asemejarse a las casas vecinas, logra restablecer la armonía con la trama urbana a la vez que mantiene su carácter de modernidad y lujo. La fachada presenta un diseño clásico muy simple en piedra de Vicenza con incrustaciones de níquel dorado enmarcando grandes superficies acristaladas según las técnicas más avanzadas.

Back in the 50s, the new building for the Rochas firm broke with the discreet continuity of the facades on rue François I. The project for a change of facade managed, without falling into historical pastiche, to assimilate itself to the neighbouring buildings, thus reestablishing its harmony with the urban fabric while maintaining its modern, luxurious character. The facade presents a classical design in Vicenza stone with incrustations of golden nickel framing the great window openings, glazed using the most advanced techniques.

Oficinas G.A.N, Barcelona
Proyecto, 1989. Construcción, 1992

Remodelación de un edificio del Ensanche de Barcelona, construido en 1873. El programa preveía la rehabilitación del edificio para oficinas y la planta baja como centro comercial. En la fachada se limpiaron todos los elementos originales en piedra natural. Los revocados imitación de la piedra fueron sustituidos por aplacados de piedra natural de un color más claro para distinguirse de los elementos originales del edificio. El edificio dispone de una planta semisótano que se ha levantado al nivel de la calle y se han excavado dos sótanos en una operación muy compleja, manteniendo toda la estructura del edificio y sustituyendo las paredes de carga de la planta baja por pilares. La fachada posterior, muy deteriorada y con pocos elementos originales, ha sido sustituida por una nueva fachada de cristal, en el espíritu de los patios interiores de manzana del Ensanche de Barcelona.

G.A.N. offices, Barcelona
Project, 1989. Construction, 1992

A remodelling of a building in the Barcelona Eixample constructed in 1873. The programme called for the rehabilitation of the building for use as offices, and the laying out of commercial premises on the ground floor. All of the original natural stone elements on the facade were cleaned, and the artificial stone cladding was replaced with a natural stone skin in a lighter colour, to distinguish it from the original elements. The building has a half-basement which has been raised up to street level, and two new basements have been created in a highly complex engineering operation, retaining the building's entire structure while substituting pillars for the load-bearing walls on the ground floor. The rear facade, in a very poor state of conservation, with few of its original elements, has been replaced by a new glass facade in keeping with the spirit of the interior courtyards of the city blocks of the Barcelona Eixample.

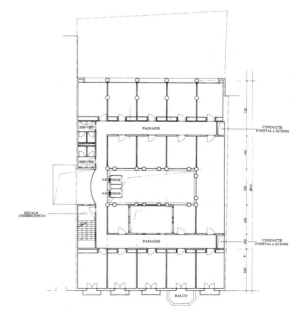

Oficinas calle Smolenskaya, Moscú
Proyecto, 1990

Centro comercial y de oficinas situado en la confluencia de la calle Arbat con los bulevares ajardinados llamados el «cinturón verde». El proyecto, de 50.000 m², se integra en el paisaje urbano de Moscú respetando las fachadas antiguas de los edificios colindantes y restaurando el conjunto del barrio. Se accede al centro de negocios y a las oficinas a través de una entrada de cristal, granito y mármol que conduce a un hall de doble nivel y éste a un atrio de nueve pisos que permite la iluminación natural de las oficinas. El centro comercial dispone de tiendas con acceso desde la avenida Smolenskaya y con una galería interior. Los almacenes estarán situados en las plantas inferiores de los edificios históricos, mientras que las superiores se destinan a apartamentos.

Offices in Smolenskaya street, Moscow
Project, 1990

A shopping and office development situated at the point where the Arbat street converges on the landscaped boulevards known as the "green belt". The 50,000 m² (59,808 sq. yard) project is integrated into the urban environment of Moscow, respecting the old facades of the neighbouring buildings and upgrading the area as a whole. Access to the business centre and offices is by way of an entrance in glass, marble and granite which leads in to a double-level hall, and from there to a nine-storey atrium which provides the offices with natural light. The shops in the commercial centre have access from Smolenskaya avenue and from an interior gallery. The storerooms will be located on the lower floors of the historic buildings, while the upper floors will be fitted out as apartments.

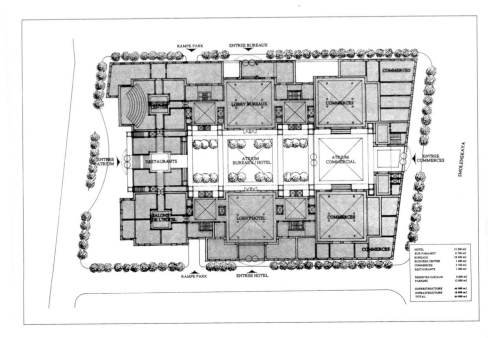

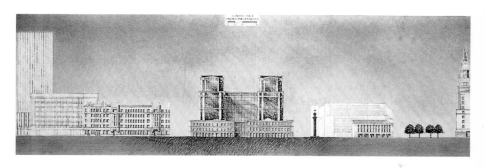

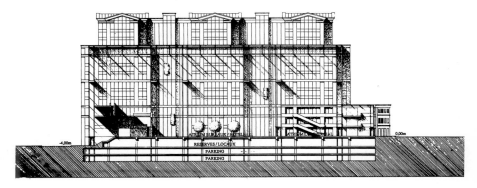

United Arrows, Haru Juku, tienda principal, Tokio
Proyecto, 1989. Construcción, 1991

Pequeño centro comercial de cuatro plantas, situado en el corazón del distrito comercial de Shibuya. En su interior se situarán cinco tiendas dedicadas a la moda, intentando ofrecer una nueva imagen para el Japón de los años 90. Siguiendo las rígidas leyes arquitectónicas japonesas, la forma exterior del edificio es progresivamente deconstructivista. En el primer sótano se encuentra un hall con columnas que dividen la planta baja para crear una calle interior. Las fachadas principales están protegidas por una piel de vidrio transparente que deja ver las formas clasicistas-minimalistas de su estructura e interior.

United Arrows, Haru Juku, main store Tokyo
Project, 1989. Construction, 1991

A small four-storey shopping centre located in the heart of the Shibuya commercial district. The five shops in the interior selling high-fashion clothes seek to create a new image for the Japan of the 90s. In accordance with Japan's strict architectonic laws, the exterior of the building is progressively deconstructivist. In the first basement there is a hall with columns which divide the ground floor in order to form an interior street. The building's main facades are protected by a transparent glass skin which exposes to view the classical-minimalist forms of its structure and interior.

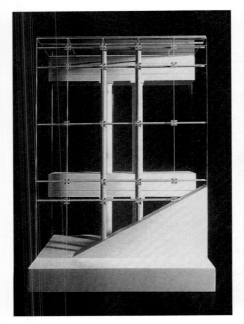

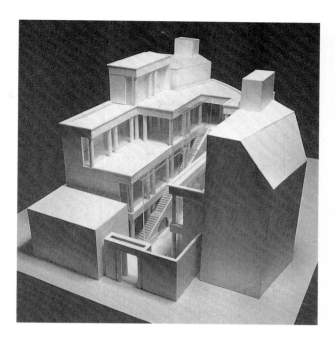

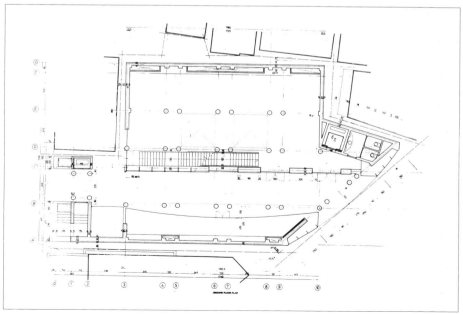

GROUND FLOOR PLAN

**Laboratorios Hubber. C/ Numancia,
Barcelona**
Proyecto, 1990.

Reconversión de tres antiguos edificios de
una industria farmacéutica. La transformación afecta tanto al interior como a la
fachada. De un edificio cerrado y oscuro se
pasa a un edificio de alta tecnología con la
fachada totalmente abierta y proyectada
hacia la calle. Se mantienen las tres estructuras de los edificios, con sus propios sistemas de circulación, permitiendo la creación
de unas grandes plantas con posibilidad de
dividirse.

**Hubber Laboratories, C/ Numancia,
Barcelona**
Project, 1990

A remodelling scheme for three old
buildings belonging to a pharmaceuticals
company, with the transformation affecting
the interior as much as the facade: the
closed, dark building will be converted into a
high-tech construction with an entirely open
facade projecting out towards the street.
The three separate structures of the
buildings, with their different circulation
systems, are to be retained, allowing the
creation of very large floor areas with the
potential for subdivision.

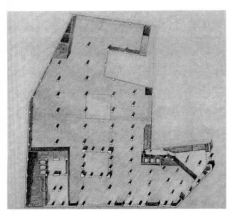

**Oficinas Parfums Christian Dior.
33 Avenue Hoche, París**
Proyecto, 1989. Construcción, 1991

Remodelación integral de un edificio construido en los años 60 conservando totalmente el volumen ocupado y la estructura a
pesar de construir un nuevo aparcamiento
subterráneo. El diseño de una nueva fachada en piedra natural y vidrio se hizo pen-
sando en la creación de una imagen apro-
piada para la compañía de perfumes que
se integrara en el conjunto de construcciones de la Avenue Hoche. La parte de piedra
es como un marco que enmarca una doble
piel de vidrio como alegoría de una piedra
preciosa y del mundo sofisticado de la moda parisiense.

**Parfums Christian Dior offices, 33
Avenue Hoche, Paris**
Project, 1989. Construction, 1991

An integral remodelling project for a building
from the 60s which will conserve the whole
of the occupied volume and the structure,
while constructing a new underground car
park. The design for a new facade in natural
stone and glass took as its starting point the
creation of an appropriate image for the
perfume company that would be in keeping
with the context of the other buildings on
Avenue Hoche. The stone part of the
construction acts like a frame around the
double glass skin, in an allusion to the
setting of a precious gem and to the
sophisticated world of Paris fashion.

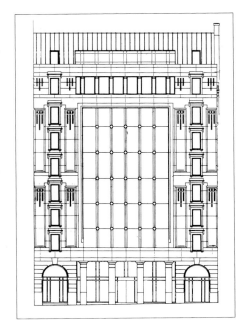

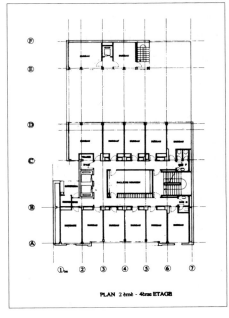

PLAN 2 èmè - 4ème ETAGE

**Oficinas en la C/ Ausiàs Marc,
Barcelona**
Proyecto, 1990. Construcción, 1992

Edificio de oficinas de nueve plantas, con tres de sótano y aparcamiento. Por su emplazamiento, tendrá un papel importante en la reurbanización de la zona, junto al Auditorio y al Teatro Nacional de Cataluña. El edificio se diseña alrededor de un atrio acristalado central que aporta una iluminación natural a las oficinas. La entrada principal del edificio está en el chaflán, es de altura doble y se abre a un espacio interior que permite la visión del atrio. Esta entrada corresponde a las oficinas situadas en los seis niveles superiores. El acceso a las oficinas de planta baja, altillo y primer sótano se efectúa por la calle Ausiàs Marc. La fachada de planta baja y altillo está diseñada como una entidad de altura doble, mientras que los pisos superiores se emplazan entre cornisas que dan un equilibrio horizontal a las tribunas verticales en voladizo.

**Offices in C/ Ausiàs Marc,
Barcelona**
Project, 1990. Construction, 1992

A nine-storey office building with three basement levels and a car park. It will play a significant part in the urban renewal of the area, together with the nearby Auditorium and the National Theatre of Catalonia. The building has been designed around a glazed central atrium which lets all the offices enjoy direct natural light. The double-height main entrance to the building is on the chamfered corner, and opens onto an interior space. This entrance serves the offices on the six upper floors, while access to the offices on the ground floor, the mezzanine level and the first basement is by way of carrer Ausiàs Marc. The facade on the ground floor and mezzanine has been designed as a double-height entity, while the upper floors are separated by cornices which provide a horizontal counterpoint to the projecting volumes of the vertical series of glazed balconies.

Centro comercial Nieuwendijk, Amsterdam
Proyecto, 1990

Nieuwendijk shopping centre, Amsterdam
Project, 1990

Intervención en un barrio conflictivo del viejo Amsterdam con la creación de un complejo de aparcamientos, centros comerciales y oficinas. La superficie total del proyecto es de 30.000 m² y se divide en dos plantas de aparcamiento subterráneo, planta baja y planta primera de comercios y el resto, según las diversas alturas, en diversas plantas de oficinas. El vocabulario arquitectónico propuesto se aparta de los modelos clásicos utilizados hasta el momento por el Taller de Arquitectura para crear una especie de «containers» ciudadanos adaptables a diversos usos en su interior. La volumetría del edificio no es autónoma sino que está definida por la trama urbana de la ciudad.

An intervention in a problem area of old Amsterdam with the creation of a complex of car parks, commercial premises and offices. The total surface area of the project is 30,000 m² (35,885 sq. yards), laid out over two levels of underground parking, ground floor and first floor shops, and the rest, varying in height, occupied by offices. The architectonic vocabulary proposed here has moved away from the classical models previously adopted by the Taller de Arquitectura in order to create what are in effect civic "containers" whose interiors are easily adapted to a variety of uses. The building was not volumetrically autonomous, being defined instead by the city's existing urban layout.

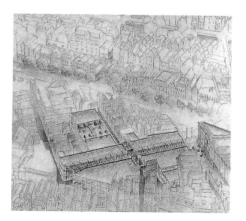

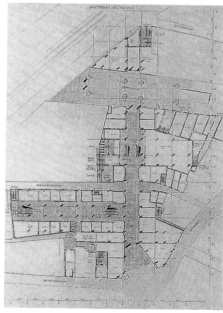

Centro Internacional de Negocios, Montpellier

Proyecto, 1990

Localizado en el centro de Antigone, el proyecto ocupa 50.000 m² destinados a World Trade Center, oficinas, centro comercial, hotel, salas de conferencias y exposiciones, restaurantes y otros equipamientos.
Dos torres de oficinas, con una altura de 48 m y una superficie total de 9.000 m², marcan el emplazamiento del Centro de negocios, a proximidad de los dos principales nudos de comunicaciones de Antigone. La parte central la ocupa un centro comercial con una plaza central elíptica. Se plantea como un mercado abierto, con una estructura que permite la limitación de apoyos verticales y ofrece una gran transparencia. El techo es un jardín accesible al público. En la zona oeste se levanta el hotel, la sala de conferencias y exposiciones y 14.000 m² de oficinas. Estos edificios están articulados en torno a una calle interior, en la tradición de los pasajes cubiertos de las ciudades mediterráneas. El predominio del cristal, estructura de hormigón y muro-cortina, establece un contraste con el resto de Antigone, más sólido, para dar al conjunto la imagen de punto central del eje que lo cruza de lado a lado.

International Business Centre, Montpellier (France)

Project, 1990

Situated in the heart of Antigone, the project's 50,000 m² (59,808 sq. yards) are occupied by a World Trade Center, offices, shopping centre, hotel, conference and exhibition centre, restaurants and other facilities. Two office tower blocks with a height of 48 m and a total floor area of 9,000 m² (10,765 sq. yards) are the landmarks for the business centre, within easy reach of Antigone's two main communications nuclei. The central area is occupied by a shopping complex with an elliptical plaza in the middle, conceived as an open-air market, with a structure allowing a limitation on the number of vertical supports and thus offering a high degree of transparency. The roof is a public garden. The hotel, the conference and exhibition centre and 14,000 m² (16,746 sq. yards) of offices are situated in the western part of the site; these buildings are laid out around an interior street, in the tradition of the covered passageways of the cities of the Mediterranean. The predominant use of glass, structural concrete and curtain wall establishes the contrast between the new complex and the rest of Antigone, more solidly constructed; as a result, this is visibly the central point of the main axis running through it from one side to the other.

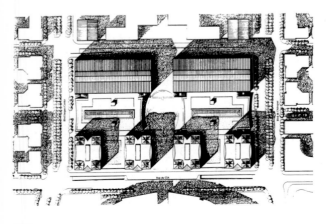

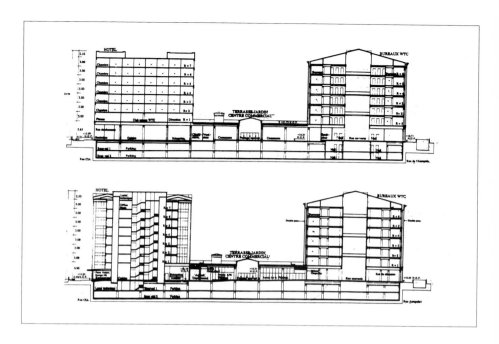

185

Torre Reinhold, Madrid
Proyecto, 1990

Reinhold Tower, Madrid
Project, 1990

Proyecto de torre de quince pisos y tres niveles subterráneos destinada a oficinas y situada junto al principal eje de comunicaciones de la ciudad. El edificio se plantea como cuatro torres idénticas que se levantan sobre una base articulada. Como servicio a los altos ejecutivos que ocuparán sus oficinas, se han previsto instalaciones deportivas y sanitarias en la última planta y restaurantes en la planta baja. La torre incorpora las últimas innovaciones en tecnología constructiva: doble piel de cristal, planta baja de tres niveles, falsos techos y suelos para permitir su fácil cableado y ascensores exteriores de cristal con vista sobre la ciudad. Un pasaje de diez metros de altura conducirá desde el vestíbulo hasta los ascensores. En el subsuelo, se construirán tres plantas de aparcamiento.

A scheme for a fifteen-storey office tower block with three underground levels, overlooking the city's main communications axis. The building has been conceived as four identical towers, rising up over an articulated base. The services for the top executives who will use these offices include sports and health facilities on the top floor and restaurants on the ground floor. The tower incorporates the latest innovations in construction technology: a double glass skin, ground floor on three levels, suspended ceilings and floors for ease of service ducting, and external glass lifts with views over the city. A passageway 10 m (33') high leads from the vestibule to the lifts. The three basement levels will provide car parking.

Página siguiente: Planta baja, planta tipo, alzados y secciones.

Following page: Ground floor, typical floor plan, elevations and sections.

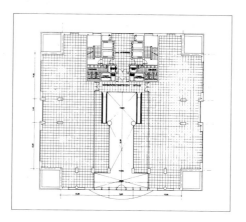

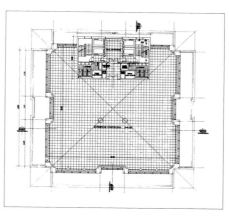

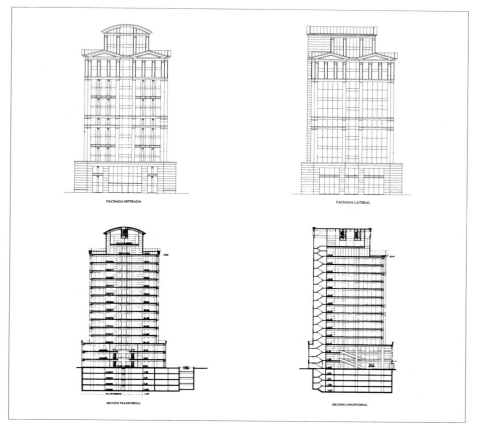

FACHADA ENTRADA

FACHADA LATERAL

SECCION TRANSVERSAL

SECCION LONGITUDINAL

Taller de Arquitectura, París
Proyecto, 1989. Construcción, 1990

Taller de Arquitectura, Paris
Project, 1989. Construction, 1990

Reconversión de un antiguo edificio para transformarlo en la nueva sede del Taller de Arquitectura en París. Originalmente, había sido creado para albergar la redacción de un diario parisiense, pero más tarde fue convertido en teatro. El amplio volumen cúbico interior ha sido remodelado para obtener 900 m² de superficie repartidos en tres pisos, alrededor de un patio interior ajardinado. El área de recepción se encuentra situado en un cuarto nivel inferior. Los espacios de trabajo de estos cuatro niveles se han dividido en sectores de actividad: recepción, administración y diseño. Los suelos son vacíos, permitiendo el cableado necesario para una oficina informatizada y el aislamiento acústico. El diseño interior permite apreciar la amplitud del espacio y el entorno de trabajo gracias a las divisiones interiores de cristal. En las paredes hay armarios empotrados de madera coloreada con detalles metálicos para almacenaje de documentos. Todo el mobiliario ha sido diseñado por el Taller de Arquitectura.

A conversion scheme for an old building to transform it into the new headquarters of the Taller de Arquitectura in Paris. Originally constructed to house the editorial offices of a Paris newspaper, it was later converted into a theatre. The spacious interior of the cubic volume was remodelled to obtain 900 m² (1,076 sq. yards) of floor area distributed over three floors and laid out around a landscaped interior courtyard. The reception area is located on a fourth, lower, level. The work spaces on these four levels have been divided into sectors according to activity: reception, administration and design. The suspended floors accomodate all the cable and wiring of the computerized office, in addition to giving acoustic insulation. The interior design, with its use of glass partitions, make it easy to appreciate the spaciousness of the working environment. The built-in cupboards of stained wood with their metal details store the office's drawings and other documents. All of the furniture was designed by the Taller de Arquitectura.

Las viviendas

Housing

La preocupación y el interés de Ricardo Bofill por el tema de la vivienda fueron condicionados por las especiales circunstancias políticas y sociales de la España de la posguerra, afectando decisivamente a su trayectoria vital y profesional. Junto a su padre, el arquitecto y promotor Emilio Bofill, Ricardo tuvo las primeras oportunidades de enfrentarse a los múltiples problemas que presentaba la construcción en la España de los años 60, cuando barriadas enteras de calidad ínfima aparecían

Ricardo Bofill's interest in and concern with the question of housing were conditioned by the special political and social circumstances of postwar Spain, and these had a decisive influence on his subsequent development, both personally and professionally. It was with his father, the architect and developer Emilio Bofill, that Ricardo had his first opportunities of confronting the numerous problems facing construction in Spain in the 60s, when whole neighbourhoods of the

de la noche a la mañana en terrenos no urbanizados ni urbanizables y sin planificación alguna. Esta situación propició la creación de una conciencia muy crítica en un grupo de estudiantes de arquitectura que se lanzaron a proyectar el final de la utopía. El ideal fracasó ante la realidad económica y política de un régimen autoritario y ante una tecnología totalmente anticuada. Aparecieron algunas empresas cooperativas que presentaban una alternativa económica y política al sistema de construcción imperante, mientras los arquitectos añadían imaginación a la solución de problemas técnicos. Por ejemplo, la necesidad constructiva de dotar de una estructura muy simple a los bloques de pisos no tenía por qué generar distribuciones idénticas en cada planta o fachadas monótonas. La investigación sobre la combinatoria de volúmenes en el espacio, iniciado por el primer Taller de Arquitectura, logró demostrar que no necesariamente los bloques de viviendas tenían que ser uniformes y repetitivos y que un mejor trabajo de distribución volumétrica no tenía porque encarecer el presupuesto de forma notable. Edificios construidos con un presupuesto inferior a muchísimas viviendas de protección oficial, son un ejemplo de lo que permitía la pobre tecnología española de la época junto a grandes dosis de imaginación y de atrevimiento del inicial equipo de Bofill. El encargo de realización de varias *villes nouvelles* en los alrededores de París en los años setenta supone un estrecho contacto del Taller con las nuevas técnicas de prefabricación desarrolladas por la industria francesa. La construcción de las *villes nouvelles* permitió al Taller adquirir y transformar la base tecnológica que convirtió el utópico sueño en realidad: la construcción de viviendas sociales de alta calidad a precios competitivos y estéticamente atractivas y armónicas. La amplia experiencia adquirida ha permitido al Taller emprender posteriormente todo tipo de construcciones de viviendas con menores condicionantes económicos.

most execrable quality appeared overnight on land that was not only undeveloped but undevelopable, without any kind of planning or regulation. This situation led to the emergence of an extremely critical attitude amongst a group of architecture students who set themselves to plannning the ultimate goal of utopia. The ideal was incapable of withstanding the economic and political realities of an authoritarian regime and a totally obsolete technology. A number of cooperatives were set up which offered an alternative political and economic model to the system of construction then in force, while the architects contributed their imagination to the solution of technical problems. For example, the practical necessity in building for a block of flats to have a very simple structure did not have to generate identical distribution schemes on every floor, or monotonous facades. Research into the combination of volumes in space, initiated by the first Taller de Arquitectura, effectively demonstrated that apartment blocks did not necessarily have to be uniform and repetitive, and that improving volumetric distribution did not necessarily add to costs to any significant degree. Buildings constructed to budgets lower than those of many officially-funded subsidized housing schemes provide instances of what the backward Spanish technology of the time could achieve when combined with the abundant doses of imagination and daring supplied by Bofill's first team. The opportunity of constructing various "villes nouvelles" on the outskirts of Paris during the 70s provided the Taller with first-hand experience of the new industrialized building techniques being developed in France. The designing and building of the "villes nouvelles" allowed the Taller to acquire and then transform the technological base which converted the dream of utopia into reality: the construction of high-quality, aesthetically attractive and harmonious subsidized housing at competitive prices. The considerable experience they gained in this field allowed the Taller to go on to design housing of all kinds, with less rigid economic restrictions.

Edificio de viviendas en Barcelona.
C/ Johann Sebastian Bach, 28
Proyecto, 1962. Construcción, 1963

Apartment building in Barcelona.
C/ Johann Sebastian Bach, 28
Project, 1962. Construction, 1963

Una original solución al problema de construcción de viviendas entre medianeras, muy común en Barcelona. El solar, situado cerca de la esquina con la calle Calvet, tiene una comunicación extremadamente reducida con el patio interior de la manzana y, por tanto, escasas posibilidades de iluminación natural y ventilación posterior. Se decidió la creación de un patio interior propio para la vivienda, orientado hacia el punto de contacto con el patio de manzana. El patio se configura como un espacio común para las viviendas que proporciona iluminación a la escalera, a las viviendas y al hall de entrada. Con la disposición asimétrica de este patio, hubo que trabajar en profundidad en la distribución de cada vivienda, asegurando su privacidad a pesar de la alta proporción de espacio destinado a uso comunitario.

An original solution to the problem, very common in Barcelona, of constructing an apartment building on a gap site. The plot, close to the corner with carrer Calvet, has an extremely narrow opening onto the courtyard in the interior of the block, and thus very little opportunity for natural light or ventilation to the rear. It was decided to give the building an internal courtyard of its own, oriented towards the point of contact with the communal courtyard. This new courtyard provides a shared space for all the apartments, letting daylight into the stair well, the houses themselves and the entrance hall. Given the asymmetrical disposition of this courtyard, it was necessary to devote considerable attention to working out the distribution of each apartment in order to ensure individual privacy in spite of the high proportion of space devoted to communal use.

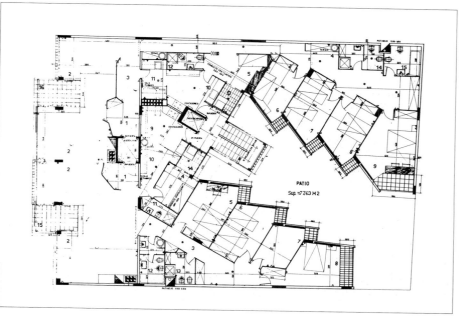

Edificio de viviendas en Barcelona.
Plaza Sant Gregori Taumaturg
Proyecto, 1962. Construcción, 1963

Apartment building in Barcelona.
Square Sant Gregori Taumaturg
Project, 1962. Construction, 1963

Un buen ejemplo de edificio que, con la continuidad de su fachada a dos calles y una plaza, ayuda a definir y dar personalidad a un espacio público. El programa contemplaba la construcción de 12 viviendas de lujo y 21 de renta limitada, con un ático especial. La diferencia de programa se advierte en el tratamiento de la tipología de las viviendas y también en la fachada de la calle Bach. El uso del ladrillo está en la más pura tradición constructiva catalana.

A very good example of a building which helps to define and give character to a public space, thanks to the continuity of its facade on two streets and a square. The programme envisaged the construction of 12 luxury and 21 controlled-rent apartments, together with a special attic. The difference in programme can be seen in the treatment of the housing typology, and on the c/ Bach facade. The use of brick is in the purest tradition of Catalan building.

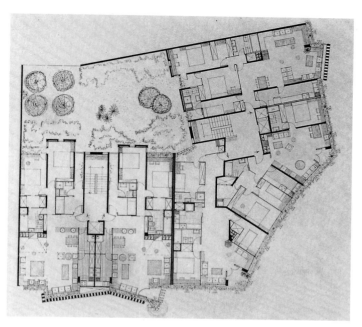

Edificio de viviendas en Barcelona
C/ Nicaragua 99
Proyecto, 1962. Construcción, 1965

Apartment building in Barcelona.
C/ Nicaragua, 99
Project, 1962. Construction, 1965

Edificio totalmente adaptado a las características del solar, de escasa superficie, en
una esquina y orientado al Norte. El 30% de
la superficie está destinado a locales comerciales y el resto a viviendas de renta
limitada de unos 75 m². Un patio posterior
proporciona luz y ventilación a la escalera y
a los dormitorios de las viviendas laterales.
La vivienda central, con todas sus aberturas hacia la calle, está cerrada hacia el Norte, recibiendo la luz de Este y Oeste y dando vistas a las dos calles laterales. El
aspecto de fortaleza de la fachada vista
desde el chaflán desaparece cuando se ob-
serva el edificio desde la calle Nicaragua o
Marqués de Sentmenat. La vivienda singular situada en el ático se resuelve en tres
niveles, con piscina incluida. El escaso
presupuesto y los nulos recursos de construcción industrializada no impidieron el
hallazgo de soluciones originales tanto para
la fachada como para los espacios interiores de las viviendas. Este edificio fue galar-
donado con el premio FAD de arquitectura.

A building completely adapted to the
characteristics of the plot, small in surface
area, on a corner, facing north. 30% of the
floor space is occupied by commercial
premises, and the rest by controlled-rent
apartments of 75 m² (89,7 sq. yards) each.
A courtyard to the rear provides the stair
well and the bedrooms of the lateral
apartments with daylight and ventilation.
The central apartment, with all its windows
opening onto the street, is closed to the
north, receiving light from east and west,
and looking out onto the side streets. The
fortress-like appearance of the facade as
seen from the chamfered corner disappears
when the building is viewed from c/
Nicaragua or c/ Marquès de Sentmenat.
The exceptional attic apartment is laid out
over three levels, and includes a swimming
pool. The restrictions on the budget and the
complete absence of industrialized building
techniques did not prevent the finding of
original solutions for the facade as well as
for the interior spaces of the apartments.
The building was awarded the FAD prize for
architecture.

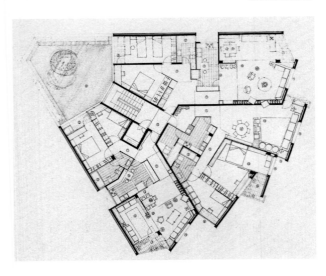

Plexus. Apartamentos de vacaciones. Calpe (Alicante)
Proyecto, 1962. Construcción, 1963

Plexus. Holiday apartments. Calpe (Alicante, Spain)
Project, 1962. Construction, 1963

Plexus fue uno de los primeros edificios construidos en el conjunto turístico de La Manzanera, junto a la población de Calp. Se elaboró un plan parcial especial para el conjunto formado por villas unifamiliares, edificios de apartamentos, bares, restaurantes e instalaciones deportivas, encargado por un singular promotor que no basaba su negocio en la especulación. Su construcción se alargó hasta los años ochenta y posteriormente, con el cambio de manos de la propiedad, ha sido sistemáticamente destruido con la proliferación indiscriminada de apartamentos de baja calidad.
Plexus responde a un intento de máximo mimetismo con el paisaje, siguiendo el mismo método de construcción de las terrazas de piedra que configuran los terrenos cultivables de la zona, en una particular expresión del regionalismo crítico aplicado a la costa mediterránea.

Plexus was one of the first buildings to be constructed in the tourist development of La Manzanera adjacent to the town of Calp. A special partial plan was drawn up for the complex, consisting of family villas, apartment buildings, bars, restaurants and sports facilities, commissioned by an exceptional developer whose business was not based on speculation. Construction of the complex carried on into the 80s; then, with the change of ownership of the property, the whole achievement was destroyed as a result of the indiscriminate proliferation of low-quality apartments.
Plexus represents an effort at adhering to the nature of the setting to the maximum, following the same building method used in the construction of the stone terraces which define the agricultural land here, in a highly expression of the application of critical regionalism to the Mediterranean coast.

El Castell. Edificio de apartamentos en Sant Pere de Ribes (Barcelona)
Proyecto, 1966. Construcción, 1968

El Castell. Apartment building in Sant Pere de Ribes (Barcelona)
Project, 1966. Construction, 1968

La relación con algunas ideas del movimiento Archigram por parte de los primeros miembros del Taller de Arquitectura, así como una fascinación por la forma del cubo y el juego de posibles combinaciones que permitía, propició la construcción de una serie de proyectos basados en torno a una metodología propia de desarrollo espacial de esta combinatoria. El bloque de apartamentos situado cerca de Sitges llamado El Castell (El Castillo, en honor de Kafka) es uno de los primeros ejemplos de esta experiencia de desarrollo vertical. Sin planos, solamente con la ecuación del crecimiento vertical en mente, se construyeron los cubos que giran alrededor de varias cajas de escaleras. Cada cubo contiene un ambiente (estar-comer o baño-dormir), separados por un cambio de nivel. Un lado de cada cubo conecta con la torre central de escaleras.

The interest felt by the first members of the Taller de Arquitectura for some of the ideas of the Archigram movement, together with a fascination for the form of the cube and the exploration of the possible combinations this permitted, resulted in the construction of a series of projects based around a methodology rooted in the spatial development of this combination. The apartment block near Sitges known as El Castell (Catalan for 'castle', in homage to Franz Kafka) was one of the first examples of this experimentation with vertical development. Without plans, simply with the equation of vertical growth in mind, the cubes were constructed around a sequence of stair wells. Each cube contains one space (living room-dining room or bathroom-bedroom) divided by a change in level. One side of each cube connects with the central core of the stair well.

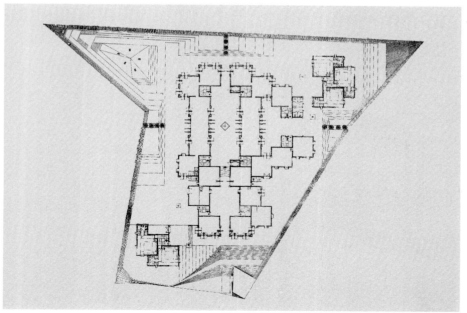

203

Xanadú. Apartamentos de vacaciones en Calpe (Alicante)
.Proyecto, 1968. Construcción, 1971

Xanadú. Holiday apartments in Calpe (Alicante, Spain)
Project, 1968. Construction, 1971

Dentro de la urbanización La Manzanera, se construyó este bloque de apartamentos siguiendo en la línea de investigación de combinación de cubos. El edificio toma como referencia el castillo y se desarrolla para obtener una configuración inspirada en el próximo Peñón de Ifach. La unidad de vivienda de cada apartamento está formada por tres cubos que materializan los espacios de estar, dormir y servicios. Estos tres cubos se agrupan en torno a un eje vertical, que les sirve de apoyo, y que está constituido por las escaleras. Las aberturas de cada cubo se hicieron según la orientación y uso del mismo, sin una definición previa. Para evitar la forma cúbica exterior se añadieron detalles vernaculares, barandillas y techos curvos.

This block of apartments was constructed as part of the La Manzanera development, continuing the line of investigation into the combination of cubes. The building takes the castle as its point of reference, and is evolved in such a way as to arrive at a configuration inspired by the nearby Peñon de Ifach crag. The unit of each apartment is composed of three cubes corresponding to living space, sleeping space and services. These three cubes are grouped around the vertical axis of the stair well which serves to support them. The openings in each cube reflect its orientation and function, without any a priori definition. In order not to be left with a cube as the exterior form, vernacular details and curving handrails and roofs were added.

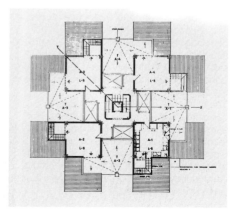

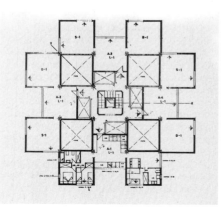

Barrio Gaudí, Reus (Tarragona)
Proyecto, 1964. Construcción, 1968

Las viviendas del Barri Gaudí se concentran en torres de ocho plantas comunicadas entre sí por construcciones de cuatro niveles que permiten la circulación peatonal entre los diferentes edificios a través de las terrazas, sin necesidad de descender a la calle. Las áreas orientadas al Norte se destinan mayoritariamente a la circulación para reservar los espacios más soleados al alojamiento, especialmente a las salas de estar, balcones y terrazas.
Se establecieron varios tipos de viviendas con módulos de dos, tres y cuatro dormito-

Gaudí housing development, Reus (Tarragona, Spain)
Project, 1964. Construction, 1968

The housing in the Barri Gaudí development is concentrated in eight-storey towers, which communicate with each other by means of four-level constructions that permit pedestrian circulation between the different buildings by way of the terraces, making it unnecessary to descend to street level. The north-facing spaces are primarily used for circulation, thus leaving the sunnier spaces for housing, in particular for living rooms, balconies and terraces.
The scheme incorporates various house types,

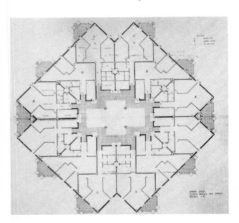 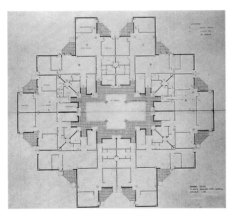

rios. La necesidad de diferentes superficies y la combinatoria de disposición de las viviendas en torno a los núcleos de conexión condujo a la creación de ocho tipos diferentes de viviendas, logrando que nunca hubiera identidad entre viviendas contiguas, ni siquiera verticalmente.
El sistema constructivo es de estructura de hormigón y revestimiento de ladrillo. Las limitaciones económicas y la escasa tecnología existente impidieron el uso generalizado de piezas producidas en serie, aunque los ensayos efectuados se juzgaron como muy positivos y son claramente visibles en el resultado final.

with two-, three- and four-bedroom modules. The need for different floor areas and the permutations in the disposition of the apartments around the communications core led to the creation of eight different house types: nowhere in the scheme are there two adjoining houses of the same type, not even vertically.
The system of construction employs a concrete structure with brick cladding. The economic constraints and the lack of available technology prevented the general use of industrially produced construction elements, although where these were tried the results were found to be very positive, and are clearly visible in the completed scheme.

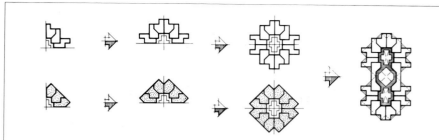

La Muralla Roja. Calpe (Alicante)
Proyecto, 1966. Construcción, 1968

La Muralla Roja. Calpe (Alicante, Spain)
Project, 1966. Construction, 1968

Dentro del conjunto de La Manzanera y de la línea de combinación de cubos en el espacio, el edificio llamado La Muralla Roja se presenta como un caso aparte. Por un lado, se hace una clara referencia a las arquitecturas populares del mundo árabe mediterráneo, en particular a las torres de adobe norteafricanas, y a una reinterpretación de la tradición mediterránea de la *casbah*. El laberinto de esta *casbah* recreada responde, por otro lado, a un preciso plan geométrico basado en una tipología de cruz griega con brazos de 5 m que se agrupa de diferentes maneras, dejando las torres de servicio (cocinas y baños) en la intersección de las cruces. El trabajo geométrico realizado significa un acercamiento a las teorías del constructivismo, convirtiendo La Muralla Roja en una clarísima evocación. Los diversos tonos de pintura utilizados consiguen dar diferentes visiones del edificio.

Within the context of the La Manzanera complex and the combination of cubes in space, the building known as La Muralla Roja asks to be considered as a case apart. On the one hand, it embodies a clear reference to the popular architectures of the Arab Mediterranean, in particular to the adobe towers of North Africa, and to a reinterpretation of the Mediterranean tradition of the casbah. At the same time, the labyrinth of this recreated casbah corresponds to a precise geometric plan based on the typology of the Greek cross with arms 5 m (16') long, these being grouped in different ways, with the service towers (kitchens and bathrooms) at their point of intersection. The geometric basis of the layout represents an approximation to the theories of constructivism, and makes La Muralla Roja a very clear evocation of these. The use of various different tones of paint provides a wealth of different views of the building.

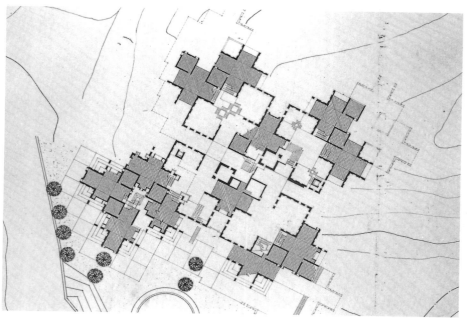

Casa en Mont-ràs, Palafrugell (' na)
Proyecto, 1973. Construcción, 19

House in Mont-ràs, Palafrugell (Girona, Spain)
Project, 1973. Construction, 1973

Casa de vacaciones construida alrededor de una antigua casa de campo en ruinas. Toda la casa y la decoración exterior están construidos en gres oscuro. El conjunto se compone de diversos pabellones orientados en torno a un espacio exterior central donde se encuentra la piscina y el comedor como pabellón independiente.
El edificio principal es la casa de los propietarios, de tres plantas y formada por dos volúmenes que se convierten en tres en las plantas inferiores. Los cinco módulos restantes de 3 × 6 × 6 m son los dormitorios de familiares e invitados y la cocina.
El conjunto se levanta sobre una plataforma rectangular, en una clara coincidencia con el *stilobatos* de un templo griego o la base del pabellón de Barcelona de Mies van der Rohe.

A holiday home constructed around the ruins of an old country house. The entire house and its exterior decoration are of dark grey earthenware. The complex as a whole is composed of various pavilions oriented around a central exterior space containing the swimming pool and the dining room, in a pavilion of its own.
The main building is the owners' residence, its three floors formed by two volumes which become three on the lower levels. The remaining five modules, measuring 3 (10') x 6 (20') x 6 (20') m, are bedrooms for family and guests and the kitchen.
The complex stands on a rectangular platform, clearly reminiscent of the *stilobatos* of a Greek temple or of Mies van der Rohe's Barcelona Pavilion.

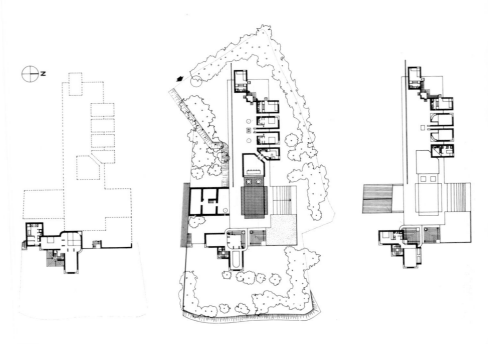

211

**Edificio de viviendas Walden-7.
Sant Just Desvern (Barcelona)**
Proyecto, 1970. Construcción, 1975

**Walden-7 apartment building.
Sant Just Desvern (Barcelona)**
Project, 1970. Construction, 1975

El proyecto de ciudad en el espacio consigue materializarse en unos terrenos suburbanos anteriormente ocupados por una fábrica de cemento. Con un presupuesto notablemente menor que las viviendas sociales de la época y una financiación atípica, el Walden–7 se levanta como un monumento y un punto de referencia en esta zona situada al oeste de Barcelona. El edificio está formado por 18 torres que se desplazan de su base formando una curva y tomando contacto con las torres contiguas.

The project of the city in space was eventually able to take shape on a suburban plot formerly occupied by a cement factory. Working to a budget appreciably lower than the norm for subsidized housing at the time, with unusual funding, Walden-7 rose up as a monument and point of reference in this area to the west of Barcelona. The building is composed of 18 towers which are displaced from their base, forming a curve and coming into contact with the

Páginas siguientes: Viviendas de cuatro, tres y dos módulos.

Following pages: Four-, three- and two-module apartments.

El resultado es un laberinto vertical con siete patios interiores comunicados, alejándose al máximo del modelo de bloque uniforme y repetitivo de viviendas. La notable superficie que se destinaba a usos comunes se vio reducida para aumentar el número de viviendas. Las viviendas se forman a base de unir módulos cuadrados de 30 m², creando desde un estudio de un solo módulo hasta la vivienda de cuatro módulos, en distintos niveles.

neighbouring towers. The result is a vertical labyrinth with seven interconnecting interior courtyards, as far removed as possible from the model of the uniform, repetitive housing block. The considerable area originally devoted to communal uses was reduced to allow an increased number of apartments. These apartments are formed on the basis of one or more 30 m² (35,8 sq. yard) square modules creating, on different levels, dwellings that range from a studio consisting of a single module to a large, four-module apartment.

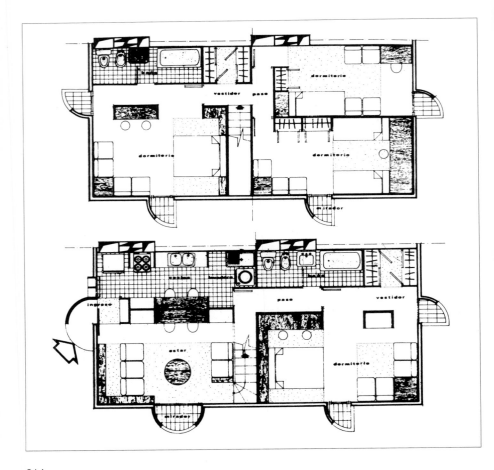

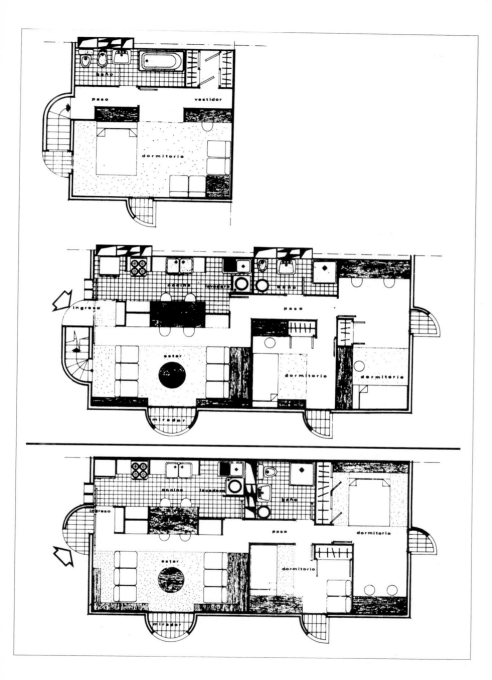

La Petite Cathédrale. Cergy, París
Proyecto, 1971

La Petite Cathédrale. Cergy, Paris
Project, 1971

Conjunto de viviendas agrupadas en torno a una calle interior central, poniendo de nuevo en práctica la metodología geométrica de combinación de cubos en el espacio. Si en Walden-7 se construyeron los cubos de dos plantas, en la Petite Cathédrale se proyectaron de tres plantas, destinando la planta intermedia a las circulaciones. La calle central se diseñó en una provocativa evocación de la planta de una catedral gótica. La forma de disposición de los cubos, semejante a la de Walden-7, intentaba reproducir el alzado de las naves, capillas laterales, portada, transepto y ábside. Aparte del simbolismo cultural, esta reinterpretación de la arquitectura gótica en viviendas destinadas a clases medias y bajas suponía un intento de ofrecer a sus habitantes la posibilidad de disfrutar de grandes espacios públicos monumentales.

A residential complex grouped around a central internal street which once again employs the geometrical methodology of combining cubic volumes in space. While in Walden-7 the cubes were constructed in two floor units, in the Petite Cathédrale they have been structured over three floors, the intermediate level serving for circulation. The design of the central street is a provocative evocation of the plan of a Gothic cathedral. The disposition of the cubes, reminiscent of Walden-7, sets out to reproduce the elevation of the naves, side chapels, main front, transept and apse. Apart from the cultural symbolism, this reinterpreting of Gothic architecture in a scheme for middle and working class housing reflects a desire to offer the inhabitants the opportunity for the enjoyment of large, monumental public spaces.

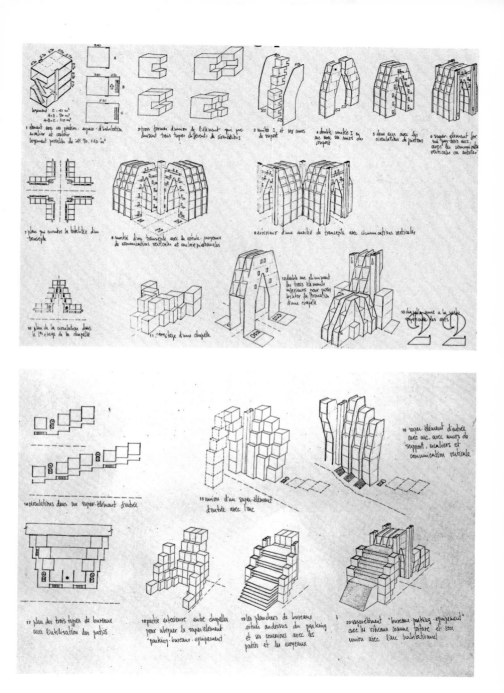

1 élément avec deux parties: espace d'habitation, escalier et couloir. logement possible de 11, 90, 110 m²

2 trois formes d'union de l'élément qui produisent trois types différents de circulations

3 unités I et ses murs de support

4 double unité I en arc avec ses murs de support

5 deux arcs avec les circulations de jonction

6 super-élément formé par trois arcs, avec les communications verticales en escalier

7 plan qui montre la totalité d'un transepte

8 montée d'un transepte avec la coupole, moyens de communications verticales et couloir piéctangulaire

9 extérieur d'une moitié de transepte avec communications verticales

10 plan de la circulation dans le 1er étage de la chapelle

11 montée d'une chapelle

12 double arc élargissant les trois éléments inférieurs pour possibiliter la formation d'une chapelle

13 chapelle vue à la partie verticale des arcs

22

14 circulations dans un super-élément d'entrée

15 union d'un super-élément d'entrée avec l'arc

16 super-élément d'entrée avec arc, avec murs de support, escaliers et communication verticale

17 plan des trois types de bureaux avec l'utilisation des patios

18 partie extérieure entre chapelles pour abriter le super-élément "parking-bureaux-equipement"

19 les planchers de bureaux situés au-dessus du parking et ses connexions avec les patios et les noyeaux

20 super-élément "bureaux-parking-equipement" avec les vitraux comme toiture et son union avec l'arc habitationnel

217

Casa Lafon, Marrakech
Proyecto, 1983

Residencia secundaria en un terreno de una hectárea cubierto de palmeras y con vistas al Atlas. La casa consta de tres volúmenes que se levantan sobre una plataforma de mármol, con una piscina en la parte central. El volumen principal es la casa de los propietarios, mientras que los otros dos se destinan a los huéspedes. Estos dos pabellones enmarcan la perspectiva de la casa principal. La construcción es de adobe, con las paredes ligeramente inclinadas y rematadas por un friso.

Lafon House, Marrakesh
Project, 1983

A second home on a one-hectare plot covered with palm trees, with views of the Atlas mountains. The house consists of three volumes which stand on a marble platform, with a swimming pool occupying the centre. The main volume is the owners' residence, with the other two intended for guests. These two pavilions frame the perspective of the main house. The construction is of adobe, and the slightly inclined walls are finished off with a frieze.

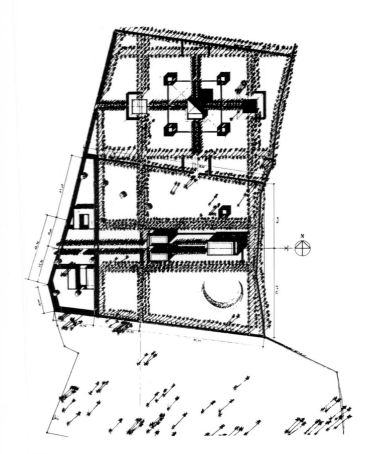

FACADE NORD

FACADE EST

FACADE SUD

FACADE OUEST

TALLER BE A...
BERABDO BRE...
MAISON LATO...
MARRAKESH

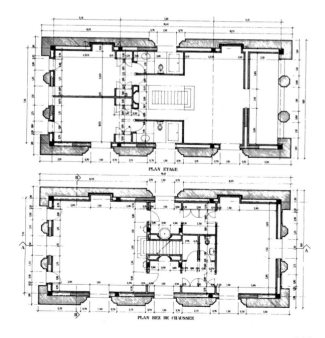

PLAN ETAGE

PLAN REZ DE CHAUSSEE

La casa templo
Proyecto, 1981

The temple house
Project, 1981

Encargo de una industria francesa para la prefabricación de casas. Debía ser pequeña, económica y rápida de montaje, ya fuera como casa independiente o en agrupaciones. La vivienda mide 112 m² y dispone de tres dormitorios, cocina, comedor y sala de estar, además de un vestíbulo. La distribución interior de la casa permite eliminar los pasillos y convertir la parte trasera en un espacio modulable a voluntad que se puede articular alrededor de la sala de estar central, a modo de atrium de una villa romana, con salida opcional al jardín.

A commission from a French industrialist for the design of prefabricated houses, which were to be small, economical and quick to assemble, whether as a single unit or in groups. Each dwelling has an area of 112 m² (133.9 sq. yards), and comprises three bedrooms, kitchen, dining room and living room, as well as an entrance hall. The house's internal distribution makes it possible to do away with corridors, and converts the rear part of the dwelling into a space to be modulated as the occupant desires; this can be articulated around the central living room, like the atrium of a Roman villa, with optional access to and from the garden.

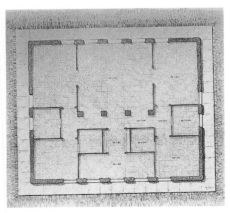

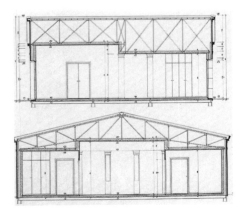

El Anfiteatro, Calpe (Alicante)
Proyecto, 1983. Construcción, 1988

El Anfiteatro, Calpe (Alicante, Spain)
Project, 1983. Construction, 1988

Conjunto de 27 apartamentos de vacaciones junto al acantilado de La Manzanera y distribuidos en tres edificios, uno central semicircular y dos pabellones lineales laterales. La piscina, verdadero teatro de las actividades veraniegas, ocupa el lugar de la escena y enmarca las vistas dirigidas al mar y al Peñón de Ifach. Todos los apartamentos son dúplex y tienen doble orientación. Las terrazas del techo son accesibles desde la piscina, para su uso como solarium.

A complex of 27 holiday apartments, near the cliffs of La Manzanera, distributed in three buildings: a semicircular central volume and two linear lateral pavilions. The swimming pool, the real focus of summer activity, occupies the place of the stage, framing the views of the sea and the Peñón de Ifach crag. All of the apartments are duplex, and have dual orientation. The roof terraces can be reached from the swimming pool, for use as a communal sunbathing area.

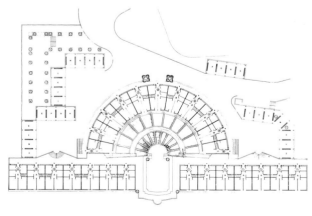

Les Arcades du Lac. Saint-Quentin-en-Yvelines, París
Proyecto, 1978. Construcción, 1980

389 viviendas sociales agrupadas en cuatro manzanas cuadradas con un amplio patio interior accesible desde la calle. Los edificios disponen de planta baja y tres pisos. La decisión de dar solamente un espesor de 8-10 metros a los bloques de viviendas permite que todos los apartamentos puedan tener doble orientación. Las escaleras están situadas en unos pabellones que sobresalen de las fachadas, sirviendo a dos puertas por rellano y permitiendo el acceso directo al aparcamiento.

Les Arcades du Lac. Saint-Quentin-en-Yvelines, Paris
Project, 1978. Construction, 1980

389 subsidized apartments grouped in four square blocks with a spacious interior courtyard, accessible from the street. The buildings consist of ground floor and three upper floors. The decision to observe a maximum depth of only 8-10 (26'-33') metres to the apartment blocks means that all the houses have dual orientation. The stairs are located in pavilions which project out from the facade, serving two doors to a landing and giving direct access to the car park.

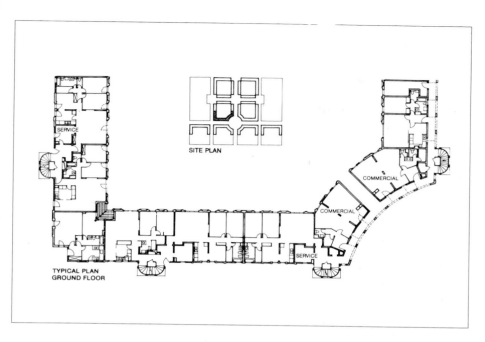

SITE PLAN

COMMERCIAL

COMMERCIAL

SERVICE

SERVICE

TYPICAL PLAN
GROUND FLOOR

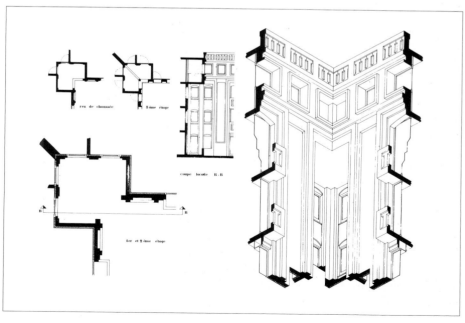

rez de chaussée

3ème étage

coupe locale B - B

1er et 2ème étage

B

B

Le Viaduc. Saint-Quentin-en-Yvelines, París
Proyecto, 1978. Construcción, 1981

Le Viaduc, Paris
Project, 1978. Construction, 1981

Conjunto de 74 viviendas construídas sobre el lago artificial creado en la *ville nouvelle* de Saint-Quentin a semejanza de los castillos del Loira. La entrada a las viviendas se realiza a nivel de suelo a través de una calle peatonal compuesta por pequeños puentes que comunican los bajos de cada uno de los seis bloques. Las circulaciones verticales ocupan la parte central de la fachada norte y se consigue que todas las dependencias sean exteriores.

A complex of 74 apartments built out over the artificial lake in the *ville nouvelle* of Saint-Quentin after the style of the castles on the Loire. Access to the apartments is at ground level, by way of a pedestrian street composed of the little bridges which communicate the ground floors of each of the six blocks. The vertical circulation nuclei occupy the central part of the north facade, and all of the rooms are exterior.

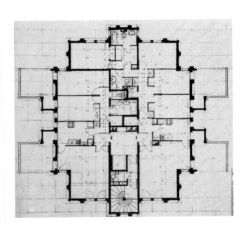
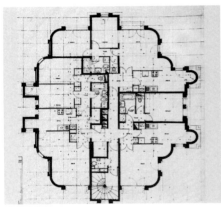

Le Palacio. Marne-la-Vallée, París
Proyecto, 1978. Construcción, 1982

Edificio de muy alta densidad de 18 pisos de altura destinado a 441 viviendas de alquiler subvencionado o de acceso a la propiedad con créditos blandos. Le Palacio está formado por tres edificios dispuestos en planta en forma de U, mientras que en alzado retoma la modulación en X del Walden-7, desplazando los cubos de tres plantas con circulación en la planta intermedia, según la experiencia desarrollada en el proyecto no construido de la Petite Cathédrale. Las viviendas, de dos, tres y cuatro piezas, algunos dúplex, sufren los inconvenientes de la orientación a una sola fachada, con una tipología obligadamente convencional.

Le Palacio. Marne-la-Vallée, Paris
Project, 1978. Construction, 1982

An extremely high-density 18-storey building containing 441 apartments, rent-subsidized or for sale at low interest. Le Palacio consists of three buildings laid out in the form of a U, while in elevation there is a return to the X-pattern modulation of Walden-7, which here replaces the three-storey cubes with circulation on the intermediate level proposed in the unbuilt project for the Petite Cathédrale. The apartments, some of them duplex, have two, three or four rooms, but have the disadvantage of opening onto only one facade, with the necessarily conventional typology this implies.

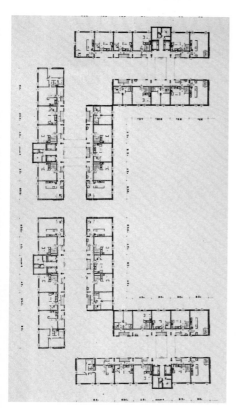

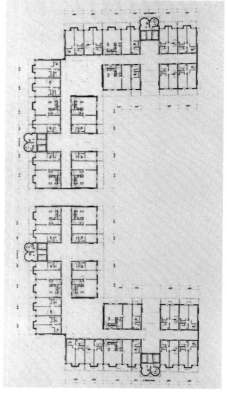

Le Théatre. Marne-la-Vallée, París
Proyecto, 1978. Construcción, 1983

Edificio semicircular con dos fachadas de carácter diferente: la exterior, convexa, sólida y monumental contrasta con la interior, cóncava, transparente y doméstica. Los 130 apartamentos repartidos en nueve plantas disponen todos de doble orientación. Las zonas de estar se sitúan en la parte cóncava o convexa del edificio para una mejor orientación al sol. Esta es la primera investigación en la tipología de edificios semicirculares que el Taller aplicaría posteriormente con cierta profusión. Se crean unos módulos rectangulares de 6,2 m de ancho combinados con otros módulos trapezoidales precisos para conseguir la curvatura. La parte exterior de algunos de estos módulos se utiliza como circulación vertical, con la escalera de incendios convertida en una gran columna en la fachada exterior. Las glorietas acristaladas forman columnas con un capitel en la parte cóncava del edificio.

Le Théâtre. Marne-la-Vallée, Paris
Project, 1978. Construction, 1983

A semicircular building with two facades with markedly different characters: the outer one, convex, solid and monumental, contrasts with the inner: concave, transparent and domestic. The 130 apartments distributed over nine floors all enjoy dual orientation. The living areas are located in the concave or convex part of the building to take advantage of the sun. This was the Taller's first investigation into the typology of the semicircular building, which they subsequently applied in some profusion. The scheme is based on rectangular modules 6.2 m (20.6') wide in combination with the trapezoidal modules needed to bring about the curve of the facades. The outer part of some of these modules is used for vertical circulation, with the emergency fire stairs converted into a great column on the outer facade. The glazed window bays form columns with a capital on the concave side of the building.

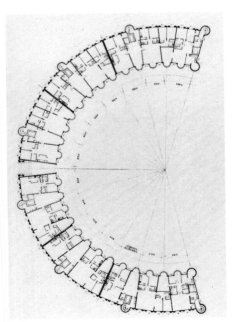

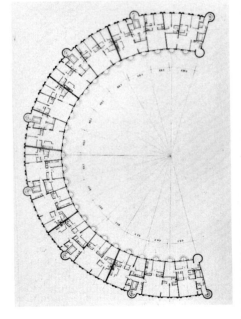

L'Arc. Marne-la-Vallée, París
Proyecto, 1978. Construcción, 1983

En el punto central del patio interior formado por Le Palacio y Le Théatre se materiali-
zó la primera experiencia de un arco triunfal
habitado que actúa como marco y punto
de separación entre los dos edificios. Con
una altura de 10 plantas, contiene 20 viviendas de tres piezas en los montantes y
de cinco en el arco, con las circulaciones
verticales en la parte más oscura.

L'Arc. Marne-la-Vallée, Paris
Project, 1978. Construction, 1983

At the central point of the interior courtyard
formed by Le Palacio and Le Théâtre
stands the first experiment with an inhabited
triumphal arch, a form which serves here as
frame and point of separation between the
two buildings. With a height of 10 storeys, it
contains 20 apartments, of three rooms in
the uprights and five rooms in the arch, with
vertical circulation located in the darkest
part of the construction.

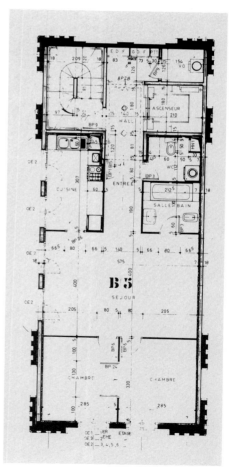

Les Echelles du Baroque, París
Proyecto, 1979. Construcción, 1985

274 viviendas agrupadas en torno a dos patios interiores que definen sendos edificios de 7 plantas de características diferentes: L'Amphithéâtre y Les Colonnes. La planta baja de los dos edificios está ocupada por comercios y dispone de aparcamiento subterráneo para 300 coches. L'Amphithéâtre se destinó a viviendas sociales y Les Colonnes a viviendas de venta libre. La geometría de los apartamentos se basa en una combinación de módulos. El módulo básico es de 65 m² que supone una vivienda de tres dormitorios. Todas las viviendas tienen doble orientación, con la zona de estar en la parte que da a los patios interiores. La fachada interior de las viviendas que forman la plaza elíptica se realizó en muro-cortina, ritmado por columnas de cristal de dos metros de diámetro que permite disponer de una glorieta acristalada a cada vivienda. Algunas ocupan dos niveles, con un balcón interior frente al muro-cortina.

Les Echelles du Baroque, Paris
Project, 1979. Construction, 1985

274 apartments grouped around two interior courtyards, laid out in separate 7-storey buildings with distinct characteristics: L'Amphithéâtre and Les Colonnes. The ground floor of the two buildings is occupied by shops, and has an underground car park for 300 cars. L'Amphithéâtre was designed as subsidized housing, and Les Colonnes as apartments to be sold on the open market. The geometry of the apartments is based on a combination of modules. The basic module is 65 m² (77,7 sq. yards), equivalent to a three-bedroom apartment. All of the houses have dual orientation. The interior facade of the houses which delimit the elliptical plaza takes the form of a curtain wall, with a rhythmic sequence of glass columns which makes it possible to provide every apartment with a glazed window bay. Some of the apartments are laid out over two levels, and have an interior balcony opposite the curtain wall.

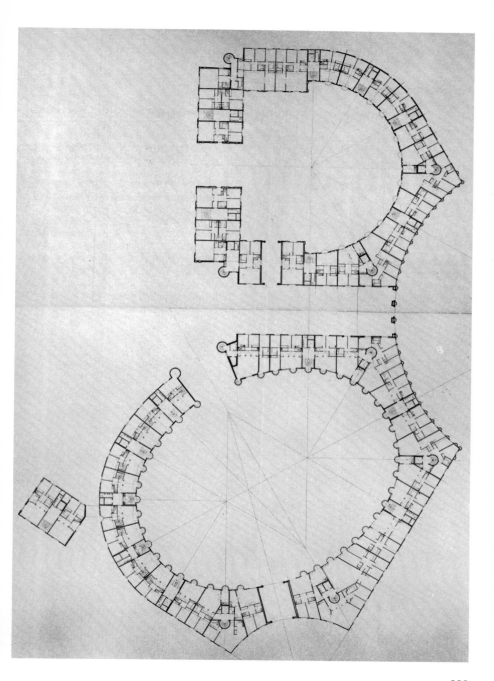

229

**Les Colonnes de Saint-Christophe,
Cergy-Pontoise, París**
Proyecto, 1981. Construcción, 1985

380 viviendas de alquiler subvencionado o
bien de compra con créditos especiales,
distribuidas en tres edificios: dos manzanas
cuadradas de cuatro plantas y un semicírculo de seis. Los bajos de las manzanas
cuadradas están ocupados por comercios.
Puesto que la entrada en cada edificio se
realiza a través de patios interiores, éstos
se convierten, en cierta manera, en los vestíbulos de cada vivienda. La entrada de
cada vivienda es una extensión de la sala
de estar que, gracias al tratamiento dado a
los volúmenes, consigue una sensación de
confortabilidad no muy frecuente en viviendas sociales. El eje transversal transparente permite ver físicamente la doble
orientación de todas las viviendas. En las
fachadas es especialmente brillante el trabajo realizado con el hormigón encofrado *in
situ* y las piezas prefabricadas.

**Les Colonnes de Saint-Christophe.
Cergy-Pontoise, Paris**
Project, 1981. Construction, 1985

380 apartments, either for rent-controlled
leasing or for sale at low interest, distributed
in three buildings: two square, four-storey
blocks and a semicircular, six-storey block.
The ground floors of the square blocks are
occupied by shops. In view of the fact that
the entrance to each building is by way of
an interior courtyard, these spaces to some
extent take on the role of vestibules to the
houses. The entrance to each apartment is
an extension of the living room which,
thanks to the handling of the volumes,
possesses a sense of comfort not usually
associated with subsidized housing. The
transparent transverse axis makes the dual
orientation physically apparent. The
treatment of the in situ concrete and
industrial building elements on the facade is
particularly brilliant here.

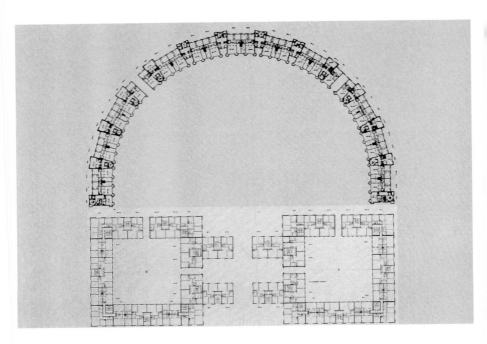

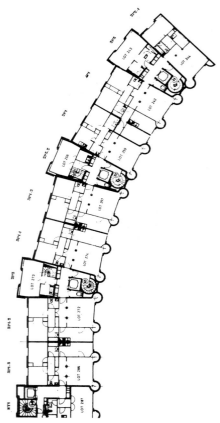

Les Temples du Lac. Saint-Quentin-en-Yvelines, París
Proyecto, 1983. Construcción, 1988

Conjunto de 200 viviendas que completa la urbanización de la *ville nouvelle* de Saint-Quentin, al otro extremo del lago artificial donde el Taller construyó sus primeras viviendas en Francia. Los edificios se ordenan junto al lago recordando la distribución de una villa palladiana con un templo central de cuatro pisos, dos templetes de un cuarto de círculo y dos pabellones cuadrados en los extremos. El templo es rectangular, con un gran patio interior al que dan todos los apartamentos. La doble orientación es claramente perceptible, ya que todas las aberturas están centradas en los ejes de transparencia. Los templetes son una sucesión de casas individuales de dos plantas. La entrada, el vestíbulo y la cocina están en la parte convexa, mientras una gran sala de estar ofrece vistas al lago. La falsa perspectiva de la escalera permite absorber la deformación provocada por la estructura radial y conduce a las habitaciones superiores. Los pabellones son de cuatro plantas, con cuatro viviendas por planta de doble orientación en la esquina. El centro está ocupado por la circulación vertical. Los frontones de los pabellones y del templo central contienen apartamentos singulares en dúplex.

Les Temples du Lac. Saint-Quentin-en-Yvelines, Paris
Project, 1983. Construction, 1988

A complex of 200 houses which completes the development of the ville nouvelle of Saint-Quentin, on the other side of the artificial lake from the site where the Taller built their first housing in France. The way the buildings are laid out by the lakeside recalls the distribution of a Palladian villa, with a central temple of four storeys, two quarter-circle pavilions, and two square pavilims, one at either end. The temple is rectangular, with a large interior courtyard overlooked by all the apartments. The dual orientation is clearly perceptible, since all the openings are centred on the axes of transparency. The pavilions consist of a series of individual two-storey houses. The entrance, vestibule and kitchen are located in the convex part, while the spacious living room enjoys views of the lake. The false perspective of the staircase effectively absorbs the deformation created by the radial structure and leads up to the bedrooms. The pavilions have four floors, and four apartments to a floor, with dual orientation at the corners. The centre is occupied by the vertical circulation core. The pediments of the pavilions and the central temple contain special duplex apartments.

Patio interior del templo, planta baja y piso de una vivienda en los templetes, una vivienda en el templo y planta del pabellón.

Interior courtyard of the temple, ground and first floor of an apartment in the gazebos, an apartment in the temple and plan of the pavilion.

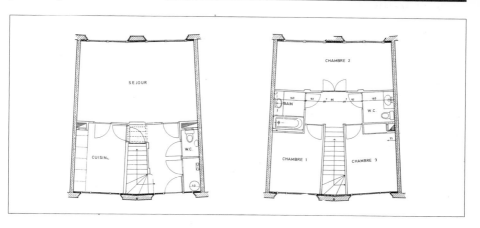

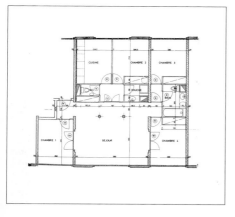

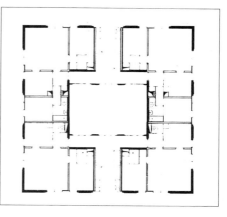

La Place du Nombre d'Or, Montpellier
Proyecto, 1979. Construcción, 1985

La Place du Nombre d'Or, Montpellier (France)
Project, 1979. Construction, 1985

Conjunto de 288 viviendas que forman una plaza con comercios a nivel de la calle. La planta de la plaza, una forma arquetípica de la arquitectura clásica, distribuye los apartamentos en tres semicírculos, cuatro esquinas y una puerta de entrada a la plaza. Los semicírculos están formados por módulos cuadrados de 12 × 12 m distribuidos según la geometría del decágono. Estos módulos, de planta baja y seis pisos, contienen dos apartamentos por nivel. Las circulaciones verticales se resuelven de forma semejante al Teatro de Marne-La-Vallée, con la escalera de emergencia en el interior de una columna y un módulo triangular que contiene el ascensor, la recogida de basuras y una habitación de los apartamentos. La curvatura és más cerrada en Montpellier, lo que provoca que el módulo de circulaciones verticales se sitúe más hacia el centro de la plaza, provocando una apariencia exterior de casas individuales y, en cambio, una fachada interior totalmente continua. Las viviendas de las esquinas y de la puerta de la plaza responden a una tipología especial.

A complex of 288 apartments which together compose a plaza with shops at street level. The plan of the plaza, an archetypal form in classical architecture, distributes the apartments in three semicircles, four corners and an entrance gateway to the plaza. The semicircles are made up of square 12 (40') x 12 (40') m modules laid out according to the geometry of a decagon. These modules, with ground and six upper floors, have two apartments on each floor. The vertical circulation has been handled in a similar fashion to the Théâtre in Marne-la-Vallée, with the emergency stairs inside a column and a triangular module containing the lift, the waste collector and one room of the apartments. The curve here is more closed than in Montpellier, with the result that the vertical circulation module is situated nearer the centre of the plaza, creating an exterior effect of individual houses and, by contrast, a completely continuous interior facade. A special typology was adopted for the apartments on the corners and in the gateway building.

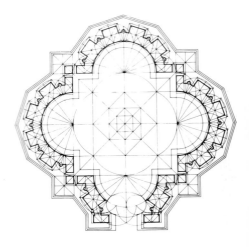

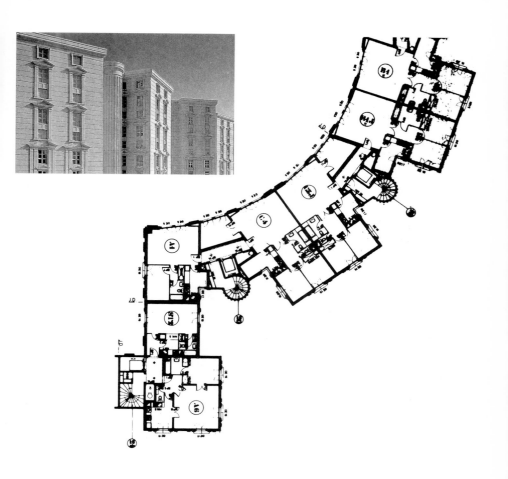

Port Juvenal, Montpellier
Proyecto, 1986. Construcción, 1989

Columnata semicircular de 240 m de diámetro y 30.695 m² construidos, destinados a unas 400 viviendas y locales en planta baja. La inicial distribución en viviendas de 1, 2, 3, y 4 habitaciones cambió gracias a la flexibilidad de distribución de espacios en cada planta que propició la adecuación posterior a necesidades específicas y la unión o segregación de viviendas. La longitud del diámetro del semicírculo permite disminuir el número de puntos de articulación y agrupar las viviendas en 12 casas. Los puntos de articulación son visibles en la parte convexa. Un parque de 2 ha se extiende delante de la columnata, descendiendo hacia el río Lez.

Port Juvenal, Montpellier (France)
Project, 1986. Construction, 1989

A circular colonnade with a diameter of 240 m (800') and a total floor area of 30,695 m² (36,716 sq. yards), comprising some 400 apartments with shops on the ground floor. The initial distribution in the form of 1-, 2-, 3- and 4-bedroom apartments was changed thanks to the flexibility of layout of the spaces on each floor, this leading to a subsequent adaptation to meet specific needs and the uniting or segregating of apartments. The length of the diameter of the semicircle made it possible to reduce the number of points of articulation and group together the apartments in 12 houses. The park extends over 2 hectares, towards the river Lez.

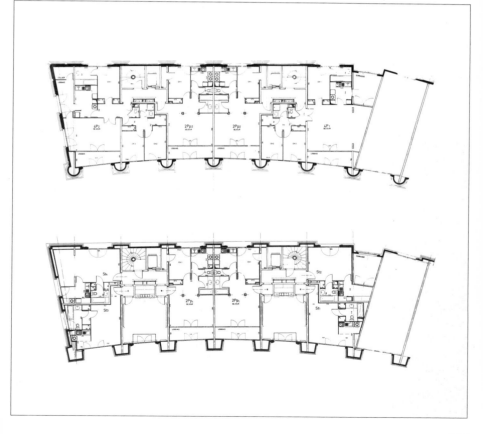

Estación Sødra, Estocolmo
Concurso, 1984. Construcción, 1991

Sødra Station, Stockholm
Competition, 1984. Construction, 1991

Edificio destinado a comercios y viviendas situado en el centro de un vasto proyecto para la reurbanización de los terrenos de la antigua estación ferroviaria Sur de Estocolmo. El edificio principal es semicircular, formando una plaza de 180 m de diámetro, acompañado por dos bloques en el lado sur y tres bloques más en la avenida que se dirige al Oeste. El conjunto alberga un total de 320 apartamentos en una altura de ocho pisos. Las viviendas del edificio semicircular tienen sus zonas de comedor-sala de estar en la parte convexa, orientada al Sur y que presenta una fachada más doméstica. Los dormitorios están orientados a la plaza, con más movimiento durante el día a pesar de ser peatonal. La fachada presenta unas líneas muy sutiles y depuradas, dentro de la tradición clásica nórdica. El proyecto ha servido también para la introducción en Suecia de las técnicas de hormigón arquitectónico prefabricado de una sofisticación desconocida en el país hasta el momento.

A building for shops and apartments, situated in the middle of a vast project for the redevelopment of the site formerly occupied by Stockholm's South railway station. The main building is semicircular, forming a plaza with a diameter of 180 m (600'), accompanied by two blocks on the south side and a further three blocks on the avenue leading off to the west. The complex contains a total of 320 apartments, with a height of eight storeys. The apartments in the semicircular building have their dining and living rooms on the south-facing convex facade with its more domestic appearance. The bedrooms are oriented towards the plaza, which is busier during the day, despite being a pedestrian area. The lines of the facade have considerable subtlety and purity, deriving from the Nordic classical tradition. The project also served to introduce Sweden to techniques of precast architectonic concrete more sophisticated than anything previously seen in the country.

238

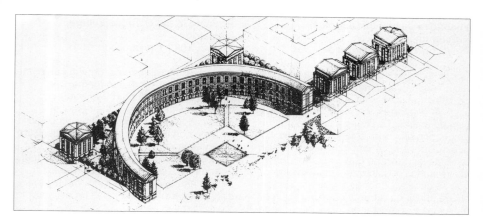

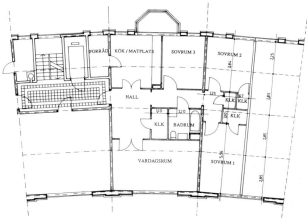

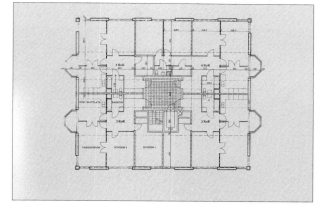

Perspectiva general, vivienda en el edificio semicircular y planta de un pabellón.

General perspective, apartment in the semicircular building and plan of a pavilion.

Viviendas de la Villa Olímpica, Barcelona
Proyecto, 1989. Construcción, 1991

Conjunto de viviendas integradas en la operación de la Villa Olímpica para los Juegos de 1992 que consta de dos edificios lineales y de una torre en el punto de intersección de ambos. La planta baja está ocupada por comercios en el lado de la calle y por jardines privados orientados al Sur en el interior de la manzana que corresponden a las viviendas de la primera planta y a los que se accede por unas escaleras. La fachada sur se ha retranqueado para obtener más vista y aumentar en lo posible la separación con las viviendas que el plan general de la Villa situó a solamente 13 m. La torre presenta un núcleo de circulación vertical central y dos apartamentos por planta. La vivienda de los bloques tiene en su centro geométrico las circulaciones verticales y las zonas de servicio que logran separar la zona de noche orientada al Norte y la zona de día orientada al Sur.

Housing in the Olympic Village, Barcelona
Project, 1989. Construction, 1991

A complex of apartments forming part of the Olympic Village operation for the 1992 Games and consisting of two linear buildings with a tower at their point of intersection. The ground floor is occupied by shops on the outer streetward side, with south-facing private gardens in the interior of the block, corresponding to the first-floor apartments, reached by stairs. The south facade has been set back in order to obtain better views and increase as far as possible the separation between blocks, which the general plan for the Olympic Village established at 13 m (43'). The tower presents a central vertical circulation core and two apartments on each floor. The apartments in the linear blocks have vertical circulation and service spaces at their geometrical centre, thus separating the north-facing nighttime area from the south-facing daytime area.

240

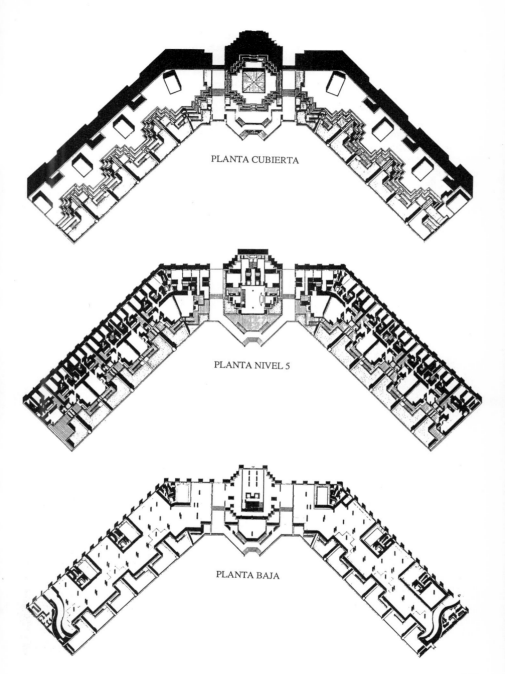

PLANTA CUBIERTA

PLANTA NIVEL 5

PLANTA BAJA

Casiopée, Burdeos
Proyecto, 1990

Casiopée, Bordeaux (France)
Project, 1990

Como una de las primeras realizacion en el nuevo barrio de La Bastide, a la orilla derecha del Garona, el conjunto residencial Casiopée se compone de 180 viviendas distribuidas en diez casas separadas por espacios transparentes tipo *loft*. Las casas se alinean en forma de U en torno a un jardín interior común, formando una manzana abierta, siguiendo el espíritu del plan urbanístico. Las viviendas tienen doble orientación, con el ala sur orientada hacia el río Garona y la norte hacia el Parque del planetario. La ocupación de la planta baja por oficinas y comercios da vida al nuevo barrio y servicios a sus habitantes.

One of the first parts of the new district of La Bastide, on the right bank of the Garonne, to be built, the Casiopée residential complex consists of 180 apartments distributed in ten houses separated by loft-style transparent spaces. The houses are laid out in a U-pattern with a communal garden in the centre to form an open block in keeping with the spirit of the urban plan. The apartments have dual orientation, with the south wing looking towards the river Garonne and the north towards the planetarium park. The offices and shops occupying the ground floor ensure the vitality of the new development as well as providing services for its inhabitants.

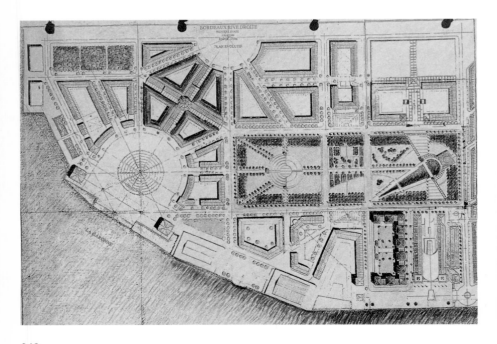

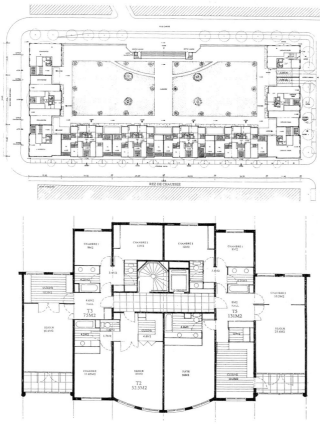

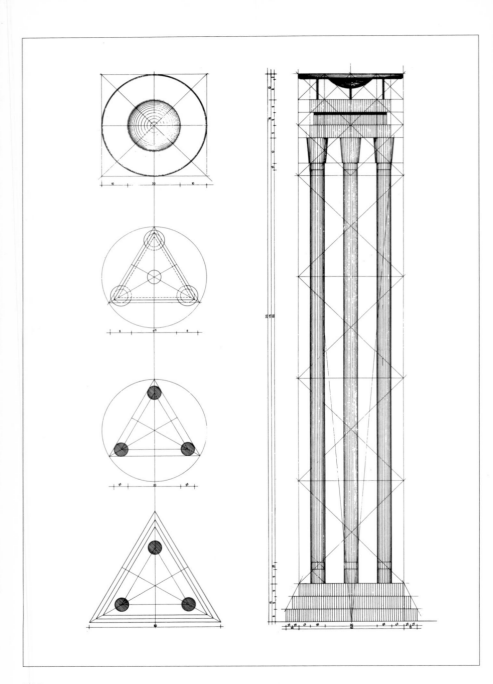

Los objetos: Diseño

The objects: Design

La concentración de la actividad del Taller de Arquitectura en temas de urbanismo y de vivienda social no impidió durante muchos años un estudio paralelo sobre la decoración de los espacios interiores y el diseño de objetos que, en muchos casos, se fabricaron de forma artesanal. Ante la mediocridad de los materiales que se usaban para la decoración interior de muchas viviendas y en el convencimiento de que la decoración no podía prescindir de la forma total del edificio, se inició el diseño de papeles pintados, baldosas moquetas, etc., que presentaban una relación más coherente entre exterior e interior de cada edificio. El diálogo entre el edificio y su interior se plantea, antes que nada, en el terreno de la arquitectura, sin que la decoración sea la simple reducción de sus principales elementos. Los diseños que el Taller logra fabricar en serie a finales de los años 80 son extraordinariamente sobrios, generalmente de un material único y haciendo una clara referencia al arquetipo de cada objeto. El arquetipo remite a los orígenes del objeto, pone de manifiesto su función y origina formas simples que se materializan gracias a las técnicas apropiadas. La vinculación con el proceso de producción industrial de sus diseños ha logrado imbuir a los fabricantes del espíritu de creación artística y conceptual del Taller.

The concentration of the Taller de Arquitectura's activity in the fields of urban design and social housing has not prevented a parallel commitment, originating a number of years ago, to the decoration of the interior space and the design of objects which have, in many cases, been manufactured using craft techniques. Faced with the mediocrity of so many of the materials used for the interior decoration of most houses, and convinced that the decoration should contribute to the total form of the building, they set out to design wallpapers, carpet tiles, and so on, which would present a more coherent relationship between exterior and interior. The dialogue between the building and its interior is formulated first and foremost in terms of architecture, yet without decoration thus becoming the mere reduction of its principal elements. The designs which the Taller managed to have mass-produced in the late 80s are extraordinarily sober, generally formed from a single material, and make clear reference to the archetype of the object in question. The archetype relates back to the object's origins, revealing its function, and gives rise to simple forms whose material realization employs the most appropriate technique. Involvement in the process of industrial production of their designs has resulted in the manufacturers being imbued with the Taller's spirit of artistic and conceptual creativity.

Frasco de perfume Christian Dior
Concurso restringido, 1983

Parfum bottle Christian Dior
Limited competition, 1983

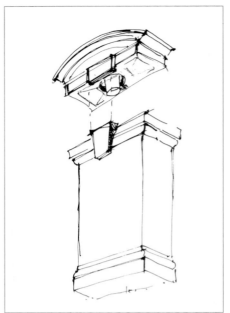

Barandilla de escalera
1973

Stairs handrail
1973

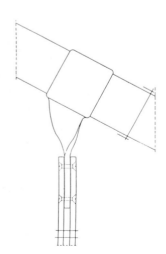

Silla y mesa de restaurante Swift
1989

Swift restaurant chair and table
1989

Sillones y sofá Durlet
1989

Durlet amchairs and sofa
1989

Silla y mesa de oficina
1989

Desk chair and table
1989

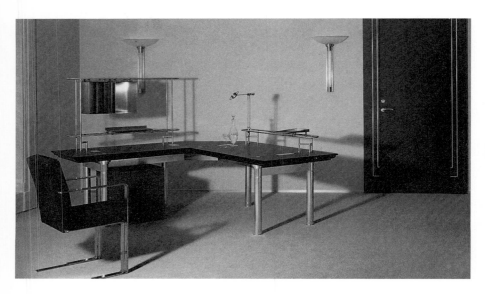

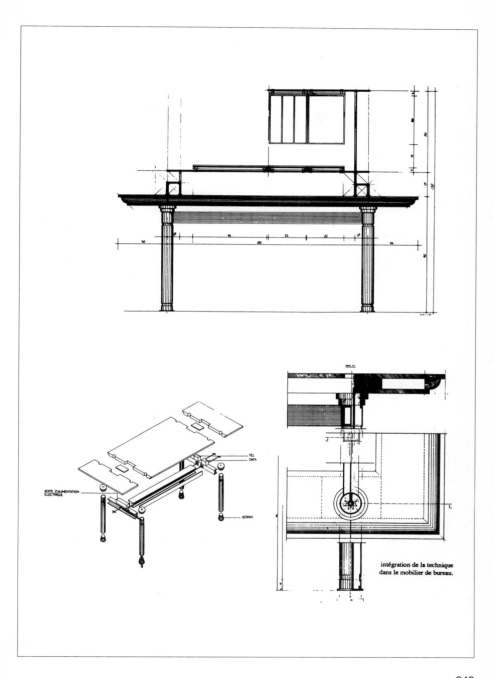

intégration de la technique
dans le mobilier de bureau.

Lámparas RB
1989

RB Lamps
1989

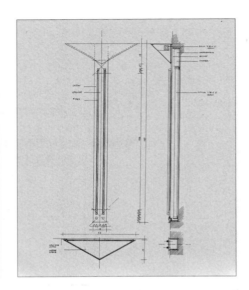

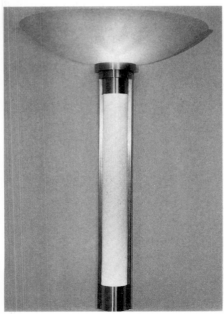

Banco y quiosco de aeropuerto
1991

Airport bench and kiosk
1991

Biografía

Biography

Biography

1939	Nace en Barcelona
1956	Escuela Técnica Superior de Arquitectura de Barcelona
1959	Escuela de Arquitectura de Ginebra
1963	Creación del Taller de Arquitectura
1964	Premio ADI FAD el edificio de la calle Nicaragua, 99. Barcelona
1968	Premio Fritz Schumacher, Universidad de Hamburgo
1970	Apertura del Taller de Arquitectura en París
1974	Construcción de las primeras *villes nouvelles* en Francia
1978	Desplazamiento de un equipo del Taller de Arquitectura a Argelia para proyectos urbanísticos
1979	Ordre National des Architectes. Título de arquitecto en Francia
1980	Premio Ciutat de Barcelona por la reconversión de una fábrica de cemento en las oficinas del Taller de Arquitectura
1982	Desarrollo de proyectos en numerosos países europeos
1984	Officier de l'Ordre des Arts et des Lettres
1985	Miembro honorario del American Institute of Architects
1987	Apertura del Taller de Arquitectura en Nueva York
1988	Título de arquitecto en España
1989	Premio de la Académie Internationale de Philosophie de l'Art. Berna Título de arquitecto. Ordre des architectes de Belgique.
1991	Apertura del Taller de Arquitectura en Tokio

1939	Born in Barcelona
1956	Escuela Técnica Superior de Arquitectura de Barcelona
1959	Geneva School of Architecture
1963	Creation of the Taller de Arquitectura
1964	ADI FAD prize for the c/ Nicaragua, 99 building, Barcelona.
1968	Fritz Schumacher prize, University of Hamburg
1970	Opening of the Taller de Arquitectura in Paris
1974	Construction of the first *villes nouvelles* in France
1978	Transfer of a Taller de Arquitectura team to Algeria for urban design projects
1979	Ordre National des Architectes. Licensed as an architect in France
1980	Ciutat de Barcelona prize for the conversion of a cement factory as offices for the Taller de Arquitectura
1982	Projects in progress in numerous European countries
1984	Officier de l'Ordre des Arts et des Lettres
1985	Honorary member of the American Institute of Architects
1987	Opening of the Taller de Arquitectura in New York
1988	Licensed as an architect in Spain
1989	Award of the Académie Internationale de Philosophie de l'Art, Berne. Licensed as an architect. Ordre des Architectes de Belgique
1991	Opening of the Taller de Arquitectura in Tokyo

Bibliografía
Bibliography

Hacia una formalización de la Ciudad en el Espacio. Barcelona: Blume, 1968

José Agustín Goytisolo: *Taller de Arquitectura. Poemas.* Barcelona: Blume, 1976

Ricardo Bofill, L'architecture d'un homme. Paris: Arthaud, 1978

Les espaces d'Abraxas. Le Palacio, Le Théâtre, L'Arc. Paris: L'Equerre, 1981

Projets Français 1978-1981. La Cité: Histoire et Technologie. Paris: L'Equerre, 1981

El Jardí del Túria. València: Ayuntamiento de Valencia, 1982

Ricardo Bofill, La arquitectura de un hombre. Madrid: Ed. Grech, 1984

Ricardo Bofill Taller de Arquitectura, el dibujo de la ciudad, industria y clasicismo. Barcelona: Editorial Gustavo Gili, S.A., 1984

Christian Norberg-Schulz and Yukio Futagawa: *Ricardo Bofill Taller de Arquitectura.* Tokyo: A.D.A. Edita, 1984

Ricardo Bofill Taller de Arquitectura. New York: Rizzoli International, 1985

Ricardo Bofill Taller de Arquitectura: Buildings and Projects 1960-1984. New York: Rizzoli International, 1988

Ricardo Bofill Taller de Arquitectura. Edificios y proyectos 1960-1984. Barcelona: Editorial Gustavo Gili, S.A., 1988

Ricardo Bofill. Architecture of a man. Tokyo: Kajima Institute Publishing Company, 1988 (Japanese)

Ricardo Bofill: Espaces d'une vie. Paris: Ed. Odile Jacob, 1989

Ricardo Bofill. Paris: Editions Electa Moniteur, 1989

Ricardo Bofill: Espacios y vida. Barcelona: Tusquets, 1990

Jean Louis André/Patrick Genard: *Swift, Architecture et technologie.* Paris: Taller Design Editeur, 1991

Ricardo Bofill, Taller de Arquitectura: Barcelona Airport. Milan: Edizioni Tecno, 1991

Bartomeu Cruells: *Ricardo Bofill. Obras y Proyectos/Works and Projects.* Barcelona: Editorial Gustavo Gili, S.A., 1992

Colaboradores del Taller (1992)

Partners:
Jean-Pierre CARNIAUX
Ramón COLLADO
Patrick GENARD
Peter HODGKINSON
Rogelio JIMENEZ
Bertrand JULIEN-LAFERRIERE

BARCELONA:
Equipo dirigido por Jean-Pierre CARNIAUX
Project Managers: Alex KARMENSKY,
Eduardo WACHS.
Arquitectos: Rodrigo BILBAO, Dariela
HENTSCHEL, Kevin KESTLER, Lucrecia
LAUDI, James MAKENZIE, Carmen SAN-
TANA, Alejandro RIOS. Secretaria: Anna
BONET

Equipo dirigido por Patrick GENARD
Project Managers: Simon PLATT, J.María
ROCIAS, Gabriel SOMSSICH
Arquitectos: Daniel CALATAYUD, Ronald
CALVO, Rob DUBOIS, Barthélémy DU-
MONS, Maura Angélique FERNANDEZ,
Shuichi KOBARI, Boguslaw MLOTKOWS-
KY, Thomas ROSENKILDE, Shaun SHIH.
Secretaria: Victoria TURMO

Equipo dirigido por Peter HODGKINSON
Project Manager: Iñigo AMEZOLA
Arquitectos: Isabel COUTINHO, Francisco
LOPEZ, Peter LUKE, Lluis ORIOLS, Maria
Gabriela MAC VEIGH, Patricia PADILHA,
Cristina PALLES, Alison PURDY, Jarmilla
PLOCKOVA, Secretaria: Eva SOLE

Maquetistas: Josep CRUELLES, Carlos
MARTINEZ, Ferran ROMEA

Director para España Contratos y Contrata-
ciones: José Antonio CODERCH
Secretaria de Dirección: Maria HIERRO
Realizaciones: Francisco GOMEZ.
Dirección de Obras: Javier OLIVA
Desarollo de Proyectos Técnicos: Hilario
PAREJA. Manager: José PATXOT
Arquitectos: Luis ARCUSA, Antonio GON-
ZALEZ, Mercedes QUINTANA, Concepción

Collaborators in the Taller (1992)

Partners:
Jean-Pierre CARNIAUX
Ramón COLLADO
Patrick GENARD
Peter HODGKINSON
Rogelio JIMENEZ
Bertrand JULIEN-LAFERRIERE

BARCELONA:
Team directed by Jean-Pierre CARNIAUX
Project Managers: Alex KARMENSKY,
Eduardo WACHS
Architects: Rodrigo BILBAO, Dariela
HENTSCHEL, Kevin KESTLER, Lucrecia
LAUDI, James MACKENZIE, Carmen
SANTANA, Alejandro RIOS. Secretary:
Anna BONET

Team directed by Patrick GENARD
Project Managers: Simon PLATT, J. María
ROCIAS, Gabriel SOMSSICH
Architects: Daniel CALATAYUD, Ronald
CALVO, Rob DUBOIS, Barthélémy
DUMONS, Maura Angélique FERNANDEZ,
Shuichi KOBARI, Boguslaw MLOT-
KOWSKY, Thomas ROSENKILDE, Shaun
SHIH. Secretary: Victoria TURMO

Team directed by Peter HODGKINSON
Project Manager: Iñigo AMEZOLA
Architects: Isabel COUTINHO, Francisco
LOPEZ, Peter LUKE, Lluis ORIOLS, Maria
Gabriela MACVEIGH, Patricia PADILHA,
Cristina PALLES, Alison PURDY, Jarmilla
PLOCKOVA. Secretary: Eva SOLE

Modelmakers: Josep CRUELLES, Carlos
MARTINEZ, Ferran ROMEA

Director for Spain Contracts and
Contracting: José Antonio CODERCH
Secretary to the Director: Maria HIERRO
Director of Construction: Francisco GOMEZ
Director of Works: Javier OLIVA
Technical Projects Development: Hilario
PAREJA. Manager: José PATXOT
Architects: Luis ARCUSA, Antonio
GONZALEZ, Mercedes QUINTANA,

PASTOR, Santiago ROMERO
Responsable CAO: Rafael VILLAMAYOR
Gestión Proyecto Técnico: Josep MILA,
Carmen FONT, Mercè MONZONIS, Lídia
RIPOLL Ordenadores:Cristina ESTEBAN
Arquitectura Interior: J. M. de CAVANILLAS
Secretarias: Laura BARGUES, Maite de
DIOS
Director España: Petra MATEOS
Asistente de Dirección: Javier ROMEU
Secretaria de Dirección: Mª Jesús OYAGA
Consejero de Dirección: Tasio LOPEZ
Director Administrativo y Financiero:
Juan BERENGUE
Responsable de Administración y Finanzas:
Nati COLLADO
Administración y Personal: A. SAUSOR, M.
R. SANCHEZ, Elia MONFORT
Relaciones Exteriores& Asistente
de Ricardo BOFILL: Aline CHARRANSOL.
Secretaria: Diana BALLETBO
Prensa, Publicaciones y Divulgación: Sere-
na VERGANO, Frédéric SANZ
Telefonistas, Recepción: Consuelo GRA-
CIA, Ana RIGAU
Consulting Archivos: Robert DESAUL-
NIERS. Archivos: José-Luís AMELLA, Sil-
via FERRER
Material técnico & coordinación: J.M. L. PE-
TIT. Gestiones: J.M. HORTIGÜELA. Repro-
ducciones: Emilio ROMO

PARIS:
Equipo dirigido por Rogelio JIMENEZ
Manager: Nabil GHOLAM
Arquitectos: John OLEKSAK, Kevin BA-
CHELOR, Scott DIMITT, Michael JENSON.
Secretaria: Lynn CHAMBERLAIN
Arquitecto en Chicago: Alan BOMBICK

Equipo dirigido por Thierry RECEVSKI
Arquitectos: Bernard DRAGON, Elisabeth
FOREST, Elizabeth PANOPOULOS, André
WINNICKI, Nathalie VERVENNE
Director de realizaciones Proyectos Interna-
cionales: Ramón COLLADO. Asistente de
Dirección: Françoise CASANOVA
Jefes de realizaciones: Eric BELLE, Ri-
chard COPTI, Joceline SAKR
Ingenieros: Isabelle DUCLOUX, Patrick TA-
VERNIER

Concepción : . 3TOR, Santiago ROMERO
Head of CAO: Rafael VILLAMAYOR
Technical Project Management: Josep
MILA, Carmen FONT, Mercè MONZONIS,
Lídia RIPOLL. Computers: Cristina ESTEBAN
Interior Architecture: J. M. de CANAVILLAS.
Secretaries: Laura BARGUES, Maite de
DIOS
Director for Spain: Petra MATEOS
Deputy Director: Javier ROMEU
Secretary to the Board: Mª Jesús OYAGA
Member of the Board: Tasio LOPEZ
Administrative and Financial Director: Juan
BERENGUE
Head of Administration and Finances: Nati
COLLADO
Administration and Personnel: A. SAUSOR,
M. R. SANCHEZ, Elia MONFORT
Public Relations & Personal Assistant to
Ricardo BOFILL: Aline CHARRANSOL
Secretary: Diane BALLETBO
Press, Publications and Communications:
Serena VERGANO, Frédéric SANZ
Telephonists, Reception: Consuelo
GRACIA, Ana RIGAU
Archive Consultant: Robert
DESAULNIERS. Archives: José-Luís
AMELLA, Silvia FERRER
Technical material & coordination: J. M. L.
PETIT. Procedures: J. M. HORTIGÜELA.
Reproductions: Emilio ROMO

PARIS:
Team directed by Rogelio JIMENEZ
Manager: Nabil GHOLAM
Architects: John OLEKSAK, Kevin
BACHELOR, Scott DIMITT, Michael
JENSON. Secretary: Lynn CHAMBERLAIN
Architect in Chicago: Alan BOMBICK

Team directed by Thierry RECEVSKI
Architects: Bernard DRAGON, Elisabeth
FOREST, Elizabeth PANOPOULOUS,
André WINNICKI, Nathalie VERVENNE
Construction Director, International
Projects: Ramón COLLADO. Deputy
Director: Françoise CASANOVA. Heads of
Construction: Eric BELLE, Richard COPTI,
Joceline SAKR
Engineers: Isabelle DUCLOUX, Patrick
TAVERNIER

Responsables de proyectos en el Sur de Francia: Urbanismo y Espacios Exteriores: Omar MIGLIORE. Dirección de Obras y Taller Montpellier: Jean-Marie BAUDOUI, Zaki MARDINI

Director Mundial de Desarollo: Bertrand JULIEN-LAFERRIERE
Director de Desarollo Europa: Timothy HOLT
Director del Desarollo Francia: Philippe CHIAMBARETTA
Secretaria de dirección: Florence BESSE
Director Administrativo y Financiero
Asuntos jurídicos, Contratos y Personal: Vincent ROUX
Responsable Administrativo y Financiero: M. L. SAULNIER
Contabilidad, Gestión, Finanzas y Personal: Hoang Khal PHAN, Eve EURACCIOLI
Secretarias Administrativas y de Finanzas: Anne BERCEGEAY, Marie FREOR
Relaciones Publicas & Asuntos personales de Ricardo Bofill: Marina LEVI
Ingeniero informatica, CAO: Jean-François IRISSOU. Documentación, Logística, Archivos: Sebastien LECLERC. Telefonista, Recepción: Marie PETITJEAN

TALLER DESIGN
Gestión: Philippe CHIAMBARETTA
Concepción: Thierry RECEVSKI, Rogelio JIMENEZ, Patrick GENARD
Desarollo y Seguimiento Proyecto: Giuseppe BOSCHERINI

Project managers in the South of France: Urbanismo y Espacios Exteriores: Omar MIGLIORE. Site Supervision and Taller Montpellier: Jean-Marie BAUDOUI, Zaki MARDINI

Worldwide Development Director: Bertrand JULIEN-LAFERRIERE
Director of Development for Europe: Timothy HOLT
Director of Development for France: Philippe CHIAMBARETTA
Secretary to the Board: Florence BESSE
Administrative and Financial Director,
Legal, Contracts and Personnel: Vincent ROUX
Head of Administration and Finances: M. L. SAULNIER
Accounting, Management, Finances and Personnel: Hoang Khal PHAN, Eve EURACCIOLI
Administrative and Financial Secretaries: Anne BERCEGEAY, Marie FREOR
Public Relations & Ricardo Bofill's Personal Affairs: Marina LEVI
Computer engineering, CAO: Jean-François IRISSOU. Documentation, Logistics, Archives: Sabastien LECLERC. Telephonist, Reception: Marie PETITJEAN

TALLER DESIGN
Management: Philippe CHIAMBARETTA
Concept: Thierry RECEVSKI, Rogelio JIMENEZ, Patrick GENARD
Project Development and Follow-up: Giuseppe BOSCHERINI

Lista de fotógrafos
List of photographers

Albert Berenguier, Toni Bernad, Toni Boldú, Josep Borrell-Garciapons, Lluís Casals, Pierre Couderc, Stephane Couturier, Bartomeu Cruells, FCP,S.A., Nabil Gholam, Andreas Heym, Joaquim Jansana, Oriol Maspons, Claude O'Shugrue, Luis Ortiz,

Enric Puigdengolas, Claude Roux, Félix Sánchez-Luengo, Frédéric Sanz, Jordi Sarrà, Deidi von Schaewen, Steinkamp/Ballogg, Hisaho Suzuki, Wist Thorpe, Staffan Trägårdh, Serena Vergano, Christian Weidemann